人生100年時代の

銀行シニア
ビジネス事例

高橋克英

近代セールス社

はじめに

202X 年 3 月某日、東西銀行は、業績不振と店舗の減損処理により大幅な最終赤字を計上しました。その結果、自己資本比率も大幅に低下。上場廃止とともに、公的資金の注入も発表しました。同銀行は戦前に開業した名門銀行。競争激化や消費者の行動変化などから顧客が離反し、各営業店単位での赤字が恒常化していました。今後は、早期退職制度などにより大幅な人員削減を図ることになります。

　こうしたニュースが、今後現実になるかもしれません。足元ではコロナ・ショックによる混乱により、銀行の保有有価証券の含み損や不良債権が増加する可能性も高まっています。

　実際、メガバンクや地方銀行など銀行の既存ビジネスの多くが行き詰っています。法人向け貸出、コンサルティング営業、投資信託販売、外債運用など、どれも順風とはいえません。

　業績不振は、①人口減少と少子高齢化、②低金利環境の長期化、③デジタル化の進展という 3 重苦が背景要因といえます。

　特に、人口減少と少子高齢化に伴い、法人・個人の顧客数の減少や市場の縮小により、貸出・運用ニーズの低下、店舗ネットワークの維持困難に陥っています。

　また、低金利環境の長期化により、集めた預金を原資に貸出を行うことで利ざやを稼ぐ貸出業務が振るいません。この先、世界的な金融緩和により利ざやがさらに縮小するリスクまであります。

　さらに、デジタル・プラットフォーマーなど異業種による、決済・融資・資産運用などの業務への進出も続いています。ネット銀行やスマホ証券の台頭も侮れません。利便性や価格などに優れた、これらデジタ

ル・プラットフォーマーが提供するスマホアプリやキャッシュレス手段などの登場により、既存業務が脅かされています。

　もっとも、このような状況を嘆いても解決策にはなりません。金融のデジタル化はこの先も進みます。今ある環境を受け入れながら、創意工夫していくしかありません。

　例えば、人生100年時代の今、金融ジェロントロジー（金融老年学）を踏まえて、銀行の強みである信用力と人材に基づくアドバンテージを活かすことで、シニアビジネスを積極的に強化できるはずです。

　特に、シニアリッチと呼ばれる比較的豊かな高齢者を主要なターゲットとすることは重要と思われます。

　実際、超高齢社会を悲観するのではなく、ビジネスチャンスと捉えて、収益拡大に結び付けようとする銀行も増えています。

　本書では、様々な事例を示しながら、人生100年時代におけるシニアビジネスはどのようなものかを見極めて、いち早く取り組む銀行には、明るい未来が待っていることを示したいと思います。

※本書は、金融に関する著者の見解をまとめたものです。法務・税務・財務などに関する助言を提供するものではありません。法務・税務・財務などの問題や見解に関しては、税理士・弁護士・公認会計士・司法書士など専門家にご相談ください。また、いかなる金融商品・サービスの売買を勧めるものではありません。投資における最終判断は各自の責任にてお願いします。

2020月4月

株式会社マリブジャパン

高橋克英

目　次

3

第4章 シニアリッチ向け資産運用ビジネス

第5章 スペシャリストの確保とサポート体制

第6章 シニア向け貸出を拡充・拡大する取組み

第7章 非金融サービスの取組みと強化策

第1章

シニアビジネスで
新たな収益機会を創る

金融包摂と
金融ジェロントロジー

金融包摂とは、年齢や性別、地域にかかわらず、全ての人が金融サービスを利用できるようにする考え方です。G20や各国の国際機関で構成するGPFI（金融包摂のためのグローバルパートナーシップ）が中心となって積極的に取り組んでいます。

　特に高齢化は、日本をはじめとした先進国だけでなく新興国でも急速に進んでおり、国際社会共通の問題になってきています。

　具体的には、認知・身体機能が低下する高齢者への資産運用など金融サービスをどのように整備し構築していくべきなのか、またデジタル化の進展も踏まえて高齢者のニーズにあった金融商品・サービスをどのように提供していくのかといったことが課題とされています。

●金融ジェントロジーに関する研究や議論が進む

　このような状況の中、我が国においては金融ジェロントロジーに注目が集まっています。ジェロントロジーは「老年学」と訳されます。金融老年学とも呼ばれる金融ジェロントロジーとは、長寿が経済活動や社会経済に与える影響を、医学や経済学、心理学などから多面的に研究する学問です。

　2019年4月、三菱UFJ信託銀行や野村ホールディングス、慶應義塾大学が中心となって、「日本金融ジェロントロジー協会」が設立されました。同協会では、金融機関の担当者に向けて高齢者対応の研修（図表

図表1　「日本金融ジェロントロジー協会」研修プログラム

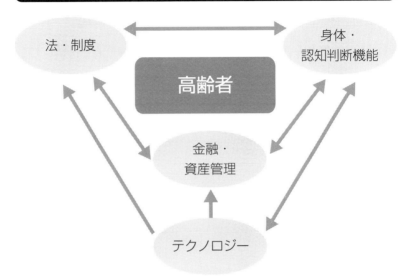

（出所）日本金融ジェロントロジー協会、マリブジャパン

1）や資格認定制度などを設けるとしています。

　あおぞら銀行と上智大学は共同で、金融ジェロントロジーの研究を始めています。シニア顧客に対する接客・話法など効果的なサービスを提供するスキルを習得できる研修プログラムの開発を目指しています。

　他方、金融庁の金融審議会「市場ワーキンググループ」では、「高齢社会における金融サービスのあり方」などを議論しています。テーマや課題が多岐に渡る中、多方面の協調・協働が必要となる包括的な取組みを進めています。

2

超高齢社会において
高まる金融ニーズ

総務省が2019年7月に公表した「住民基本台帳に基づく人口、人口動態及び世帯数」によれば、2019年1月1日時点の日本人住民の人口は1億2,477万6,364人にまで減少しました。前年比43万3,239人の減少は過去最大であり、マイナスは10年連続となりました。都道府県別でみると、東京圏（東京、神奈川、千葉、埼玉）と沖縄のみで人口は増加しており、東京への一極集中と地方の過疎化が顕著になっています。

　一方、日本人住民の出生数は92万1,000人と過去最少となっており、3年連続で100万人を下回りました。日本人住民の死亡者数は136万3,564人となっており、出生数が死亡者数を下回る自然減は12年連続となりました。

　日本人住民の人口の年齢別割合については、14歳以下は前年比0.12％減の12.45％に対して、65歳以上はその2倍を超える28.06％（前年比0.40％増）に上っており、少子高齢化も進んでいます。

　国立社会保障・人口問題研究所の「日本の地域別将来推計人口」によると、2025年までに全ての都道府県で65歳以上の人口が増加します。

　今後も人口減少・過疎化・少子高齢化は進み、超高齢社会が続くとみられます。

●金融ニーズの高まりとともにデメリットも

　我が国では、平均寿命が男性81歳、女性87歳を超えており（厚生労働

省の2018年簡易生命表）、「人生100年時代」が到来しています。一方、健康寿命は男性72歳、女性74歳ほど（2018年、厚生労働省公表）にとどまります。

　男女ともに平均寿命と健康寿命に約10年の差が生じており、この間にかかることが想定される医療費や介護費などをいかに賄うかも問題となっています。

　こうした中、公的年金制度をはじめとする社会保障への不安もあり、老後期間の長期化に備える資産形成ニーズが高まっています。その一方で、資産を子供に遺すのではなく自分で使うための資産管理にシフトする動きもあり、超高齢社会における資産運用ニーズが増えています。このように、金融サービスに対するニーズが多様化している状況です。

　就労・積立・運用の継続による所得形成や、不動産など資産の有効活用、金融資産の取崩し、長生きへの備え、相続に伴う資産承継などに関する金融サービスの提供に加え、相続や認知症に伴う経済的虐待、不正利用、裁判係争、特殊詐欺などの経済犯罪から財産を保全するといった役割が銀行に期待されます。

　もっとも、綺麗ごとばかりではありません。銀行においては高齢化に伴うシニア顧客の増加によるデメリットも発生しています。

　例えば、バリアフリー対応や面談時間の長期化による支店運営の非効率化・高コスト化、金融商品販売上の制約、相続資金の流出、後継者不在による事業廃止、介護に伴う行員の離職の増加などが挙げられます。

3

シニアビジネスを
中核業務として収益化する

超高齢社会におけるシニアビジネスについては、既存の銀行には以下の4つのアドバンテージがあると考えます（図表2）。

①市場を独占していること

②盤石な顧客層を抱えていること

③シニアリッチを顧客として持っていること

④対面営業が生かせること

①は、金融サービスにおいては、デジタル・ネイティブといわれる若年層を中心にデジタル・プラットフォーマーやネット銀行などの利用者が増えているものの、相対的にシニア層においては銀行の利用者が多く、マーケットを事実上独占しているということです。

②は、銀行へのロイヤリティーが高いシニア層の顧客を持つことを指します。地方においては、特に長年のリレーションによりロイヤリティーが高いシニア層を抱えています。

③について、金融資産や不動産を多く保有する富裕層はシニア層に偏っています。銀行においてシニア層の顧客を多く抱えるということは、結果的にこうしたシニアリッチをも抱えているということです。

④について、シニア層は、店頭営業や訪問営業を含む対面営業を好む傾向にあり、銀行が持つ店舗や人材を活かせます。

これら4つのアドバンテージを勘案すれば、シニアビジネスは銀行の「中核業務」「収益の源泉」となり得るだけでなく、銀行の「存在意義」

図表2　銀行の4つのアドバンテージ

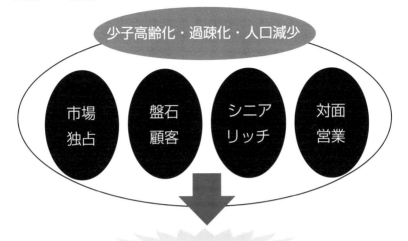

（出所）マリブジャパン

そのものともいえます。

●できることとできないことを決める

　銀行が持つこれらの4つのアドバンテージを活かし、銀行がシニアビジネスを中核業務として収益化するには、3つの仕分けが必要になります（図表3）。

　1つ目の仕分けは、できることとできないことを見極めることです。

　銀行は銀行法などに基づく規制業種であり、かつ民間の企業・組織です。預金業務・融資業務・為替業務の主要3業務のほか付随業務もあり、取り扱う商品やサービスは多岐にわたります。

　シニアビジネスにおいても、相続・事業承継支援をはじめとして様々な機能を提供していますが、例えば相続・事業承継に伴う不動産仲介・

図表３　収益化のための３つの仕分け

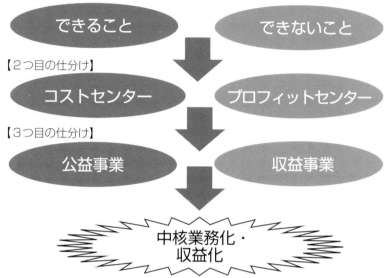

【１つ目の仕分け】

できること　　　できないこと

【２つ目の仕分け】

コストセンター　　　プロフィットセンター

【３つ目の仕分け】

公益事業　　　収益事業

中核業務化・
収益化

（出所）マリブジャパン

売買など、自前ではできない、または自前では完結できない領域は多く
あります。医療行為は無論、社会福祉的な非営利領域にも当然制約があ
ります。

　自前でできないことは行う必要はありません。グレーゾーンもしかり
です。

　どうしてもビジネス展開上必要であれば、外部の力を頼ることになり
ます。外部の力としては、IT・システム企業、コンサルティング企
業、不動産関連企業などに加えて、プライベートバンクや信託会社、裁
判所などの行政機関、医療機関、介護・福祉施設などが挙げられます。
弁護士や公認会計士、税理士などの専門家も欠かせません。

　法令など規制上は不可能ではないものの、人材やシステム、コストな
どの観点から、例えば、地方銀行であれば大手信託銀行やネット証券な

14

どと業務提携した上で、商品供給や人材供給、システムサポートなどを
受けて、シニア層向け金融サービスを提供する形もあります。

●コストセンターとプロフィットセンター

　2つ目の仕分けは、コストセンターかプロフィットセンターかを見極
めることです（図表2）。コストセンターとは直接的に利益を生まない
分野あるいは費用ばかりが発生する分野をいいます。プロフィットセン
ターとは、利益を生む分野のことです。

　多くの銀行では、シニア層向けの金融商品・サービスを提供していま
す。例えば「運転免許自主返納応援定期」「年齢優遇定期預金」「セカン
ドライフ応援ローン」「退職金運用向け金利優遇サービス」などです。

　こうした金融商品・サービスは、シニア層の顧客にとって、金利や手
数料が優遇されたり、特典サービスが得られたりする、ありがたいもの
です。しかし、銀行側からすれば、金融商品・サービス単体ではコスト
センターになっているかもしれません。

　もっとも銀行の公共性や地域性の観点から、このような金融商品・サ
ービスは公益性の高い事業であり、大切であるのは確かです。

　実際は、金利優遇などによってシニア層を囲い込んで、資産運用や相
続・事業承継のニーズを取り込むことで、総合的な採算は合っているか
もしれません。

　いずれにしても、今一度、収益コスト管理を点検してみる価値はある
と思います。もしかしたら、赤字分野となっており、コストセンター化
しているかもしれません。

　少子高齢化や過疎化、相続に伴う空き家問題などの社会的な課題が多
くある中で、地域に根差した銀行としては公益性を維持するためにも、
収益の積み上げは欠かせないはずです。間違えないでほしいのですが、
公益性が先ではありません。あくまでも収益を源泉として、公益性は維

持できるのです。

　銀行は民間の企業・組織です。ましてや、自治体でも公的機関でもありません。営利団体ですから、コストセンターを減らし、プロフィットセンターを増やすことを考えなければならないのは、いうまでもありません。

　なぜ、こんな当たり前のことを長々と説明しているのかというと、残念ながらほとんどの銀行が、コストセンターとプロフィットセンターの仕分けが十分にできていないと考えるからです。

●シニア層向けの資産運用や貸付は中核になる

　3つ目の仕分けは、シニアビジネスを公益事業と収益事業に分類することです（図表3）。

　公益事業には、前述したシニア層向けの金利優遇や手数料優遇などに加え、認知症顧客への個別対応、店舗のバリアフリー化、移動店舗車の導入、無料のシニア向け資産運用セミナー・会員クラブなどが該当するでしょう。

　一方、収益事業としては、シニア層向けの資産運用や貸付、相続・事業承継対策支援、非金融サービスなどが挙げられます。

　特に、シニア層向けの資産運用や貸付は、プロフィットセンターかつ収益事業であり、シニアビジネスの中核になるものです。

シニアビジネスを
成功させる3つの取組み

銀行が、シニアビジネスの収益事業・公益事業の双方を成功させる
ためには、以下の3つを揃える必要があります（図表4）。

① シニアのニーズを満たす魅力ある金融商品・サービス

② シニアにやさしい相談・販売体制

③ シニアに寄り添うことができる人材

　①については、シニア層に多いニーズに応える金融商品・サービスを
揃えることが必要です。投資信託や保険など預かり資産、アパートロー
ン、信託など金融商品のラインナップとともに、相談対応・アドバイ
ス・提案など活動を充実させることでサービスの質を上げます。

図表4　シニアビジネスを成功させる3つのポイント

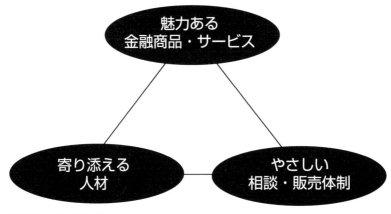

（出所）マリブジャパン

17

●訪問・面談の強化や移動店舗車の導入を

　②については、有人店舗であればバリアフリー化や駐車場の整備、シニアリッチ向けの資産運用ラウンジの設置、デジタルスペースの設置などが挙げられます。また、店舗に足を運べない顧客に対する取組みとしては、訪問営業の強化や移動店舗車の導入、店舗への送迎なども考えられます。スマホやパソコンを使用するインターネット環境の整備はいうまでもありません。

　③については、FA（資産運用アドバイザー）や、不動産のスペシャリスト、相続・事業承継のスペシャリストといった専門家の育成・中途採用が必要となります。認知症の人・その家族の手助けを行う認知症サポーターや介護関連資格の習得、シニア行員の再雇用、介護休暇の充実なども施策として挙げられます。

5

ターゲットを
明確にする

　シニア層とは、一般的に公的年金の支給が開始される60歳以上、あるいは65歳以上の高齢者をいうことが多いのではないでしょうか。

　シニアビジネスというと、このようなシニア層をターゲットにすると考えがちですが、金融機関においてはもっと幅広く捉える必要があります。ずばり40代から75歳未満までをシニアビジネスのターゲットとするべきと考えます。

　まず、75歳未満までをターゲットとする理由から説明すると、日本証券業協会が定める「高齢顧客への勧誘による販売に係るガイドライン」（高齢顧客勧誘ガイドライン）の存在が挙げられます。詳細は第5章で改めて解説しますが、このガイドラインにより金融機関は75歳以上を目安として、金融商品を販売する場合に、役席者の事前承認や投資意向の再確認などを必要としていることが一般的です。要は75歳以上に対する販売にあたっては様々な制約が生じることになります。

　また、70代、80代と年を重ねるに従い、判断能力が低下したり認知症を発症したりする可能性が増えてきます。これに伴って、金融商品販売におけるトラブル、相続・事業承継の際の家族や近親者による経済的虐待・資産の不正利用、裁判係争などに、銀行が巻き込まれるリスクも高まります。結果的に、銀行においては裁判に関わる費用・弁護士費用などコスト負担や時間的負担に加え、レピュテーションリスク（否定的な

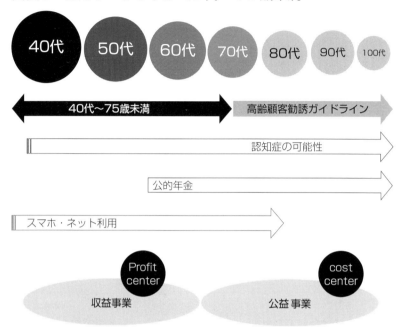

図表5　主なターゲットは40代〜75歳未満

40代　50代　60代　70代　80代　90代　100代

40代〜75歳未満　　高齢顧客勧誘ガイドライン

認知症の可能性

公的年金

スマホ・ネット利用

Profit center

cost center

収益事業　　公益事業

（出所）マリブジャパン

評価や評判が広まることによって損失を被る可能性）も高まるといえます。

　以上を踏まえると、75歳未満までをシニアビジネスのターゲットにするとよいと考えられるのです。

●40代以降は老齢の親を心配するもの

　次に、40代からをシニアビジネスのターゲットとする理由については、大きく2つ挙げられます。

　1つ目は、40代以降は老後を身近なものとして具体的に考える世代といえるからです。40代、50代と年を重ねることで、社会人としてのキャリアの到達点やリタイア後の生活も徐々に輪郭が見えはじめ、老後生活

についても具体的に考えるようになります。そのような状況の下、老後を意識した資産形成のための運用商品やローン商品などの紹介や提案が可能になります。

　2つ目は、40代以降は老齢の親を抱えていることが多いからです。家族・世帯構成はかつてに比べて多様化していますが、40代、50代の世代の親は存命でいることが少なくありません。

　親が70代、80代となれば、程度の差はあれ少なからず子供は親を心配するはずです。親と同居していない場合はなおさらでしょう。

　一方、子供の心配をよそに、70代、80代で元気な親は、相続や介護などについて「考えるのは先」あるいは「考えたくない」といった理由で、そのような話を受け付けないケースも多くあります。銀行側にも前述した「高齢顧客勧誘ガイドライン」の制約などがあります。

　そうした中、銀行は、親の相続・事業承継や介護・医療などの対策にもなる金融商品やサービスを、40代以降の子供に直接提案したり仲介したりすることで、親へのアプローチをより円滑とし、取引の成約に結び付けることも想定できるからです。

　なお、75歳以上、80代、90代をないがしろにしてよいというわけではありません。もちろん顧客として大事にするべきです。

　40代から75歳未満までの顧客に対する資産運用商品やローン商品などで収益を十分に得てそれを原資に、75歳以上の顧客に対しては公益事業の観点から様々なサポートを行います。

　すなわち、公益的な側面から75歳以上のシニア顧客に「恩返しする」「還元する」という形が、「人生100年時代における銀行のシニアビジネスの理想の形」と考えます。

第2章

シニアリッチは
中核顧客になる

1

富裕層・シニア層と シニアリッチ

　　クレディ・スイス・リサーチ・インスティテュートの「2019年グローバル・ウェルス・レポート」によると、2019年年央の日本において、100万ドル以上の資産を持つ富裕層の数は、前年の283万8,000人から18万7,000人増加して302万5,000人に達しています（図表1）。これは米国、中国に続き、世界第3位の数になります。

　日本における5,000万ドル以上の純資産を有する超富裕層は、3,350人とされています。

　今後5年間で、日本の富裕層の数は、302万5,000人から71％も増加して2024年年央には561万1,000人に達すると予想されています。

●富裕層の3つのタイプと属性・資産の傾向

　我が国の富裕層は、以下のような3つのタイプに大きく分けられます。

①伝統的富裕層

　伝統的富裕層の代表格としては、地主・企業オーナー・医者・弁護士などが挙げられます。東京を中心にした首都圏だけでなく、地方にも多く存在します。金融資産とともに不動産の保有比率が高く、比較的シニア層が多くを占めます。アパートローンのメイン対象顧客にも該当しています。

②新興富裕層

　新興富裕層の代表格として、新興IT企業の創業者・外資系企業のエ

図表1　我が国における100万ドル以上の資産を持つ富裕層の推移

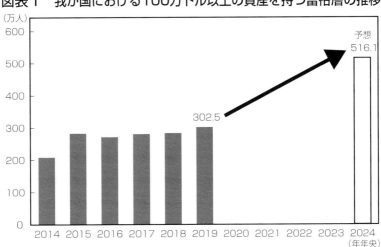

（出所）クレディ・スイス、マリブジャパン

グゼクティブ・ストックオプションの所有者・スタートアップ起業家な
どが挙げられます。起業や投資で新たに富を築いた「キャッシュフロー
リッチ」であり、都内在住の若い世代が多いのが特徴といえます。

③相続・退職金富裕層

　相続・退職金富裕層とは、例えば公務員もしくは大企業に勤務する共
働き夫婦で、退職金を得る時期に双方の親から相続財産も受け取ること
などで、富裕層に仲間入りした人たちです。現在、増加傾向にありま
す。都内だけでなく持家比率が高い地方にも多く存在します。保有資産
規模は、前述した①②に比べ小さいといえます。

●富裕層ビジネスとシニアビジネスはオーバーラップ

　前述したように、①の伝統的富裕層の多くはシニア層であり、③の相
続・退職金富裕層も基本的にシニア層といえます。

　実際、金融庁によれば、我が国の個人金融資産の65.7％は60歳以上が
保有しており（2014年時点）、その割合は2035年には70.6％に達すると

図表２　富裕層の３つのタイプ

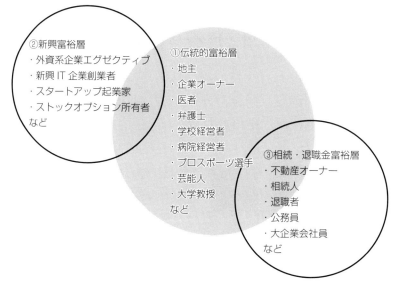

②新興富裕層
・外資系企業エグゼクティブ
・新興 IT 企業創業者
・スタートアップ起業家
・ストックオプション所有者
など

①伝統的富裕層
・地主
・企業オーナー
・医者
・弁護士
・学校経営者
・病院経営者
・プロスポーツ選手
・芸能人
・大学教授
など

③相続・退職金富裕層
・不動産オーナー
・相続人
・退職者
・公務員
・大企業会社員
など

（出所）マリブジャパン

推計されています。

　つまり、我が国の富裕層の多くがシニア層であり、銀行における富裕層ビジネスとシニアビジネスのターゲット層の多くはオーバーラップすることになります。

　このようなことから、本書では比較的豊かな高齢者を「シニアリッチ」として、シニアビジネスのターゲットの中核を担う顧客層としています。

2

シニアリッチを中核とした
シニアビジネス

銀行の業績不振と店舗や人員のダウンサイジングが進む中、シニア
リッチを中核としたシニアビジネスは、銀行において今後も収益
が見込める数少ない分野です。

　前項①で述べたように、シニアリッチは首都圏だけでなく地方にも多
数存在します。また、相続・退職金富裕層は今後も増えることが想定さ
れることから、シニアリッチは増加傾向にあると考えられます。

　このような状況にもかかわらず、シニアリッチに対するビジネス体制
が十分に整っていない銀行が多く存在します。

●総合的に力を発揮すれば競合他社に打ち勝てる

　シニアリッチは銀行との取引について長期的視点から安定・安心・保
全を求める傾向があります。すなわち、銀行との取引においては信用力
やブランド力を重視するということです。

　メガバンクや大手行は無論、地元で長い歴史と高いレピュテーション
（評判）を持ち、地元の顧客に寄り添うようなリレーションを大切にし
てきた地域金融機関は、シニアリッチを含むシニア層と融和性が高いと
いえます。

　一方、近年のシニアリッチの特徴としては、金融リテラシーが非常に
高いことが挙げられます。シニア層に多い地主でも、3代目、4代目へ
と代替わりする中で、金融リテラシーが高まる傾向もあります。実際

に、投資経験が豊富であり、株式やFXなど得意分野や思い入れのある分野を持っている場合も少なくありません。海外マーケットにも精通している人も多くいます。

　また、取引金融機関を分散している傾向もあり、基本的に1つの銀行や1つの証券会社だけで取引するケースは稀です。

　長年の経験や体験により、ノーフリーランチを理解しています。より良い商品・サービスに対して適切に対価を払うことを厭いません。このため、シニアリッチに対しては、銀行が目先の利益や囲い込みを優先して、無料サービスなどを提供してもむしろ逆効果になることが少なくありません。

　また、シニアリッチ向けビジネスには、外資系プライベートバンクや大手証券会社など競合先が多数存在します。

　このような状況においては、自行の信用力やブランド力、地域密着力を生かして、第1章で述べたような、①シニアのニーズを満たす魅力ある金融商品・サービス、②シニアにやさしい相談・販売体制、③シニアに寄り添うことができる人材を揃えることで、総合力を発揮していけば、競合他社にも打ち勝つことは十分に可能なはずです。

●シニアビジネスは4分野に分けられる

　シニアリッチを中核顧客としたシニアビジネスは、㋐資産形成・運用、㋑ローン・不動産、㋒資産管理・相続・事業承継、㋓非金融サービスの4分野に大きく分けられます。

㋐資産形成・運用

　株式・債券・投資信託・外貨預金・預貯金に加え、年金保険商品（個人年金保険、トンチン年金）、一時払い終身保険・認知症保険など金融商品を提供することが挙げられます。

㋑ローン・不動産

　住宅ローン・リフォームローン・セカンドハウスローン・アパートローンなど収益不動産購入用のローン・リバースモーゲージなどの提供が考えられます。事業を営んでいれば事業性ローンが考えられます。富裕層向けのクレジットカードやカードローンなどもあります。

　また、不動産の有効活用・所得税対策として、資産（不動産）管理会社設立を支援することも考えられます。

㋒資産管理・相続・事業承継

　遺言代用信託・暦年贈与信託・家族信託・後見制度支援信託・後見制度支援預金などに加え、持株会社設立・M&A・納税資金対策などの支援が挙げられます。

　その他、任意後見制度を進めたり、被相続人の死亡後の相続手続きを支援・代行する遺産整理業務などがあります。

㋓非金融サービス

　非金融サービスの分野としては、見守りサービス・生活サポートサービス・介護支援サービス・家事代行サービス・会員制クラブ・かかりつけ弁護士紹介などが挙げられます。また、子女海外留学、絵画や骨董品購入、寄付・財団設立といったニーズへの対応も考えられます。

●今後の主力となる最重要ビジネス

　シニアビジネスは、長期・継続取引を大前提とします。銀行は、金融商品・サービスとともにFAなど専担者や外部提携機関などによるコンサルティングを提供することで、各種手数料や利息などを受け取ることができます。そのような取組みに伴って、家族を含めた新たな顧客の紹介が期待できます。まさに、シニアリッチからシニアリッチの紹介を受ける形でビジネスがつながる可能性もあります。

　4つのシニアビジネスを強化することで、銀行は、Ⓐ顧客基盤の拡大、Ⓑ収益の拡大、Ⓒブランド力の向上などが見込めます（図表3）。

図表３　シニアビジネス強化の効用

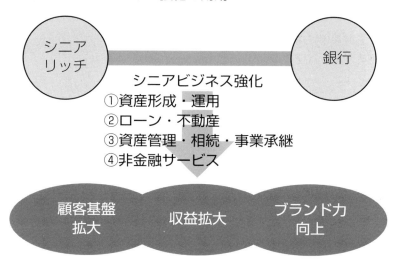

（出所）マリブジャパン

まさに、シニアビジネスは、銀行にとって、今後の主力となる最重要ビジネスといえるでしょう。

【事例】横浜銀行

　４つのシニアビジネスの実践例があります。横浜銀行では、シニア向け金融サービスの拡充の一環として、55歳以上の無料会員サービス「クラブアンカー」を起点に、長生きへの金融面での対応、認知機能低下の不安解消を目指し、①老後の資産形成では、個人年金保険の提供、長生きした人ほどより多くの年金を受け取れるトンチン年金を導入。②老後の資金調達では、リバースモーゲージやリースバックを提供。③相続では、信託代理業務により遺言信託、財産承継、遺産整理、生前贈与のニーズに対応した保険をラインナップ。④生活サポートでは、介護セミナーなど、シニア層やその家族向けのセミナーを実施しています（図表４）。

図表4　横浜銀行の取組み

長生きリスクへの対応　　　　　　　認知機能低下の不安解消

老後の資産形成

●個人年金保険の提供
●長生きした人ほどより多くの年金を
受け取れるトンチン年金を導入

相続に向けた準備

●信託代理業務により、遺言・財産承
継・遺産整理に対応
●生前贈与ニーズに対応した保険商品

老後の資金調達

自宅を対象としたリバースモーゲージ
やリースバック

生活サポート

年金教室の開催・介護セミナーなど、シ
ニア層やその家族向けのセミナーを実施

（出所）カンパニーレポート、マリブジャパン

●地域金融機関にとっても市場参入のチャンス

　しかし、シニアビジネスを進めるにあたり、競合他社の存在を忘れる
ことはできません。

　我が国の富裕層ビジネスの歴史をひもとくと、UBS銀行やクレデ
ィ・スイス銀行などに代表される外資系プライベートバンクや、野村証
券など大手証券会社が中心となって覇権を争っていました。

　こうした金融機関は、グローバルネットワークを活かし、シニアリッ
チなど富裕層に対して、高度で複雑な節税スキームや、デリバティブ・
為替が複雑にからむ金融商品を主に提供していました。

　一方で、グローバル対応、商品組成力や人材などで劣る地方銀行・信
用金庫・信用組合など地域金融機関が、こうした分野において活躍する
場は、ほとんどありませんでした。

　しかし、租税回避行為に関する一連の機密文書であるパナマ文書の流

図表5　シニアリッチを巡る制約・規制

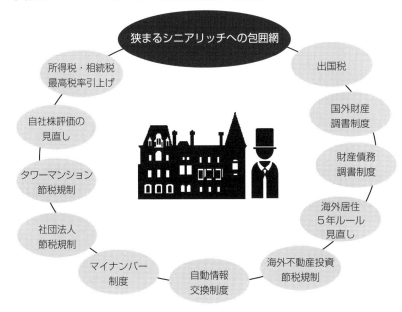

狭まるシニアリッチへの包囲網

所得税・相続税
最高税率引上げ

自社株評価の
見直し

タワーマンション
節税規制

社団法人
節税規制

マイナンバー
制度

自動情報
交換制度

海外不動産投資
節税規制

海外居住
5年ルール
見直し

財産債務
調書制度

国外財産
調書制度

出国税

（出所）カンパニーレポート、マリブジャパン

出などを発端として、世界的に富裕層の脱税や違法取引に対する批判が高まります。このような動きを受けて、国際的にも国内的にも、シニアリッチを巡り様々な制約や規制が強化されています（図表5）。

　このため、シニアリッチが国内の金融機関に求めるものが、従前のような節税スキームや複雑な金融商品ではなく、シンプル・長期的・安定的な金融商品を使った資産運用などに移行してきています。

　一方、銀行におけるワンストップチャネル化や多様化する顧客ニーズへの対応が進む中で、外部機関・組織との連携が積極的に進められてきました。

　シニアビジネスについても、例えば銀行本体では提供出来ない商品やサービスもあるため、証券会社・運用会社・信託会社・プライベートバンク・不動産会社などに加え、弁護士・公認会計士・税理士・司法書士

といった専門家との連携も進んでいます。

　このような状況の中で、全国的にブランド力があるメガバンクだけでなく、地域に根付いていてレピュテーションが高い地域金融機関においてもシニアビジネス市場に、入り込む余地は十分できています。銀行にとって、むしろ市場参入や拡大のチャンスといえます。

3

本部主導のマスリテールは
成功しない

銀行におけるシニアビジネスの司令塔は、総合企画部や営業推進部が担うことになります。銀行によっては営業企画部や営業統括部、個人営業部などが担うこともあります。

また、近年、シニアリッチを中心としたシニアビジネスの専門部隊の創設も相次いでいます。名称は、プライベートバンキング部、プライベートバンキング室、プライベートバンキング推進室、プライベートバンキングチームなどと様々です。

こうした本部の役割・業務は、シニアリッチなどの属性の収集と分析、営業推進商品の策定・選定、キャンペーンの企画立案と実施、エリア担当者との連携、携帯情報端末の導入、営業店や FA の評価方法の策定、FA の研修育成、CRM（顧客関係管理）や EBM（最適な商品・サービスを最適なタイミングで提供するためのマーケティング）の整備・活用、デジタル化、オムニチャネル化による複合的アプローチ、営業店の担当者との帯同訪問など——多岐にわたります。

銀行におけるリテール業務は、不特定多数の顧客を相手にする「マスリテール」であることが一般的でした。

マスリテールにおいては、本部でグランドデザインを作り、企画立案し、金融商品・サービスを揃えて、営業店での対面営業やインターネットサービスなどを通じて、一律に対象顧客にあたるという、いわゆる本部主導のトップダウン型のビジネスモデルが有効である場合が多かった

といえます。

●「シニアニーズ・ファースト」で取り組む

しかし、シニアビジネスには、マスリテール向けビジネスのような本部主導では上手くいきません。

シニアリッチの場合、保有金融資産が多い分、イニシアティブはシニアリッチ側にあるため、銀行はスピード感を持って最大限に個別の顧客ニーズに応えるのが基本になります。

例えば、金融資産規模が大きく、リスク性商品への投資も多いため、資産運用について、機関投資家と同等または準ずるレベルで、マーケットの影響を良くも悪くも受けるのがシニアリッチです。

このため、FAにとってスピード感を持って顧客1人ひとりに合った提案や売却などの対応が重要になります。

期初や月初に、本部で立てた目標に基づいて本部の推奨商品を紹介するのではなく、営業店・営業店の担当者やFAなどに、ある程度の裁量を持たせることが必須になります。各担当者が走りながら、考え変えていく、対応していく——最初から「ハコ」をがっちりつくりません。あくまで、「シニアニーズ・ファースト」で取り組むことが大切になります。

●本部によって策定される評価基準はシンプルに

本部によって策定される、営業店やFAなどに対する評価基準は、預かり資産残高、収益額、金融商品販売額、新規キャンペーン商品販売件数、新規顧客口座開設数、未稼働口座の再稼働数、月間顧客訪問件数、行内外リソース利用件数、行内研修受講数などがあります。概して、細分化され複雑すぎる場合が多いといえます。

資産運用であれば、例えば、シンプルに預かり資産残高増加率と収益

額で評価すべきでしょう。

　もちろん、各営業店や各FAなどが担当しているエリア・顧客数・顧客属性で、差があるのは承知しています。異義を唱える実績十分な支店長やベテランFAもいると思いますが、銀行という組織で活動する以上、公平性の確保にはきりがありません。相対評価ではなく、絶対評価とすることも検討に値するでしょう。

　また、収益額を評価基準にすると、販売手数料が高い商品やキャンペーン商品に販売が集中してしまうという指摘も多くあります。確かに一部の顧客については、そうした懸念もあります。

　しかし、シニアリッチは、概して金融リテラシーが高く、ノーフリーランチを理解しています。金融商品に付加された手数料やキャンペーンの意味や意図を理解した上で、自身で投資判断を下すことができる顧客です。銀行や担当FAとのより円滑なリレーション構築を天秤にかけて、あえて不急不要なキャンペーン商品を購入するといった選択ができるのもシニアリッチならではのことです。

●本部主導が引き起こす「負のスパイラル」

　本部が営業店やFAなどの評価基準を改変したり、新たな企画やキャンペーンを実施したりすると、営業店やFAなどへの周知徹底、施策に対する効果の検証などが必要になります。

　その結果、本部への問合せや報告件数が増えたり、本部と営業店双方の事務負担が増えたりして、FAの足を引っ張ることにもなるでしょう。

　FAがクリアする評価基準が増えたり、変更されたり、複雑化したりすれば、FAによる本部への報告も増えることになります。これに伴って、FAの顧客と向き合う時間が削られることで、FAのモチベーションは低下することにもなりかねません。

図表6　シニアビジネスの「負のスパイラル」

本部
企画立案

本部主導
キャンペーン

収益
低迷

ＦＡ
評価基準
複雑化

顧客
離反

顧客
ニーズ
対応できず

ＦＡ
モチベーション
低下

ＦＡ
本部報告
増加

（出所）マリブジャパン

「長期・安全・安定」の取引を前提とするシニアリッチのニーズに適切かつスピーディーな対応ができなくなってしまうことで、顧客の離反を招き、営業店の収益が低迷することにもなります。

　営業店の収益が低迷してしまうと、本部は「何とかしなくてはならない」と考え、また新たな企画やキャンペーン等を立案・実施することになります（図表6）。

　例えば、「預かり資産残高の増加」を第一目標としていたものが、「やはり収益は必要だ。今度は収益確保を第一に考えて徹底しよう」というように180度方針転換したりします。

　こうして、営業店やＦＡなどに負荷がさらにかかります。方針転換に混乱しストレスとなることで、組織全体が疲弊していく――。本部主導の取組みにより、「負のスパイラル」を生む要因になり得ることに留意する必要があります。

最終的にはシニアビジネスからの撤退という最悪の選択につながることにもなりかねません。

●本部はじっと待つ時間が必要

本部主導によって負のスパイラルが生じる主因は、色々と異論や反論があるとは思いますが、「本部と営業店との時間軸の差」だと考えます。

営業店において実績が急に上がるのは珍しく、ある程度時間を要します。このため、本部はじっと待つ時間が必要です。短期間で180度方針転換せずに、例えばもう四半期待てば軌道に乗るのかもしれません。

もっとも、シニアビジネスは、長期・継続取引が大前提です。本部が短期的に施策の改変を行うのではなく、むしろ率先して長期的視点になるべきです。

本部が待つスタンスでいれば、その間、本部の仕事は大きく減ります。本部の担当者は定時退社し、有給消化を行えばいいのです。本部の仕事が減るのであれば、本部の人員を減らすことができるかもしれません。

●セグメント分析による新規開拓は無意味 ⁉

本部でよく取り組まれる施策の中に、新規顧客の開拓などを目的としたシニア層のセグメント分析があります。これは手段であるにもかかわらず、残念ながら目的化しているケースが散見されます。

例えば、まるでハンターのように、シニアリッチ・シニア層はこのエリアにどれくらい存在するのか、推計値を駆使しながら潜在的シニア顧客の数を分析しています。コレクターのように、シニアリッチ・シニア層の属性集めに躍起になり、データを蓄積することが目的になっていることもあるのです。そして、このようにして得た潜在的シニア顧客の数と蓄積されたデータをもとに、CRM や EBM を駆使して次の施策が実

行されることもあります。

　このような取組みの全てを否定するわけではありません。特に、マスリテールにおいては、有効性が高い手法といえます。

　しかし、シニアビジネスは別物です。仮に、潜在的なシニアリッチの数や属性を明らかにして、シニアリッチの存在が確認できても、容易にアポイントメントはとれません。高い金融リテラシーを持ち、ニーズが千差万別のシニアリッチに対応できる FA などの担当者の質や量の問題もあります。

　このような理由から、新規のシニア層を開拓するより、既存顧客の新規資金をターゲットにしたほうがいい場合も多いと考えます。

　新規顧客獲得に固執せず、今ある顧客を訪問し面談してみることを重視するべきでしょう。シニアビジネスは、各担当者によるフェイストゥフェイスのオーダーメード対応が基本だからです。

4

ポートフォリオ営業が
難しいシニアリッチ・富裕層

　う一点、銀行におけるセグメント分析で見落としている根本的な問題があります。それは、多くの富裕層同様、シニアリッチは自分の情報を開示しないということです。家族構成や金融資産をベラベラ話しても得することはないと、経験上知っているからです。

　考えてみれば当たり前で、例えばシニアリッチはふらりと訪問したルイヴィトンやレクサスといったブランド店舗で、担当者から根掘り葉掘り、家族構成や保有資産を聞かれることはありません。ましてや、懐具合は大丈夫か、返済は大丈夫かといった心配を担当者がすることも、よほどの古びた身なりでもない限りないでしょう。

　ところが、銀行におけるシニアリッチと担当者の面談は違います。本部の指導や研修でそう習ったのか、面前の顧客とマーケットや金融商品の話題を話すよりも、家族構成や資産構成、他行取引先を聞くことに気をとられてしまい、本末転倒な面談や対応になっていることが数多く散見されます。

　かような面談で、シニアリッチのニーズを満たす金融商品を成約することはあり得ませんが、「家族構成が聞き出せて、親密になれた」と記された担当者の日報は、支店長や本部に評価されます。

　シニアリッチの家族構成やポートフォリオの全体像を把握した上で、資産運用などの提案を進めるのが理想ではあります。

　また、金融商品取引法など法令の縛りがあるのは理解できます。しか

し、もっとシンプルかつストレートに、「米国株投信についてどうお考えですか？」などと金融商品の話をしてもいいのではないでしょうか。

●保有不動産の存在にも留意する

　繰り返しになりますが、シニアリッチは自分の情報を開示しないというのは重要なポイントです。保有資産が全て開示されることはまずありません。

　また、シニアリッチの取引銀行は1行のみではない場合が多いのですが、1行に限定しないことには理由があります。メインバンクにもその他の金融機関にも、自らの情報を全ては知られたくないということです。他の金融機関との取引情報を開示することどころか、他にどこの金融機関と取引しているかさえ、開示したくないのです。

　必然的に、シニアリッチのポートフォリオの全体像を把握できる可能性は低くなります。

　このため、例えばバランス型ファンドをポートフォリオの中核に提案しても、実は他の金融機関で同じバランス型ファンドを保有していたり、株式ファンドを同額以上保有しているというような、ミスマッチが起こることになります。

　加えて、保有不動産の存在にも留意する必要があります。本来であれば、資産運用では保有不動産も勘案してしかるべきです。しかし、金融資産と不動産などをトータルに把握して、提案ができている担当者は、ほとんどいません。

　つまり、銀行におけるポートフォリオ営業は名ばかりであり、シニアリッチにとっては飛車角落ちの分析ともいえます。総合的なポートフォリオ分析や提案ができれば理想的ですが、現実的ではありません。

　シニアリッチに対する「ポートフォリオ営業」や「コンサルティング営業」に固執しないことが大切といえます。

図表7　金融資産の分水嶺（イメージ）

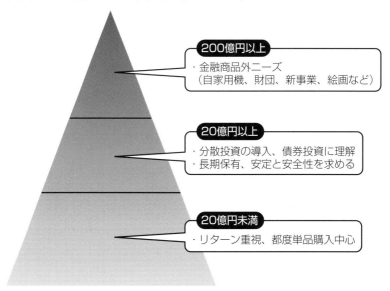

200億円以上
・金融商品外ニーズ
（自家用機、財団、新事業、絵画など）

20億円以上
・分散投資の導入、債券投資に理解
・長期保有、安定と安全性を求める

20億円未満
・リターン重視、都度単品購入中心

（出所）マリブジャパン

●分散投資にはほとんど反応がない

　あくまで経験則になりますが、多くの富裕層の投資行動において、保有金融資産20億円が分水嶺になる場合が多いといえます。

　金融資産が20億円未満であれば、もっと資産を増やすことを考えて、リターンを重視し、都度単品購入を中心に行う富裕層が大宗です（図表7）。つまり、ポートフォリオやバランス型ファンド、ラップ口座といった分散投資を提案しても、まずほとんど反応がありません。

　一方、金融資産が20億円以上ある富裕層であれば、長期・安全・安定・保全を求める傾向が強くなり、分散された教科書的なポートフォリオが組まれているケースが多くなります。必然的に、株式やデリバティブ商品だけでなく、日本国債や米国債といったプレーンな債券を保有しています。社債やソブリン債に加え、ハイブリッド証券やクレジットリ

ンク債といった債券投資の理解度と保有率も高くなります。

●情報開示されても入り込む余地はない!?

そもそもシニアリッチは、自分の情報を開示しないと前述しましたが、初対面の担当者に自発的に全て開示する富裕層が稀に存在するのも事実です。それは、20億円以上の金融資産を持つ富裕層の中の一部です。自ら開示するには、当然理由があります。

大手証券会社や外資系プライベートバンクなどとの取引を行っており、株式や仕組債だけでなく日本国債や米国債なども保有し、理想的なポートフォリオが既に完成されているからです。

この場合、何かポートフォリオを補う商品やより魅力的な商品の提案があれば、受け入れるスタンスを持っているといえます。別の見方をすれば、ポートフォリオは完成されているので、新規に入り込む余地はないともいえます。

残念ながら、商品ラインナップなどが大手証券会社や外資系プライベートバンクよりも限られる銀行は、自発的にポートフォリオを開示するこうした顧客と取引が大きく進展することは基本的にはありません。

なお、金融リテラシーが高いシニアリッチは、富裕層同様、フェイストゥフェイスでの専任担当者やスペシャリストとの面談をより求める傾向もあります。

これは、第3章以降に解説するリサーチ部隊の創設やFAなど担当者の育成、コンサルティング・ラウンジの設置といった課題につながっていくことになります。

5

トップの決意と
組織の意識改革

　ト ップマネジメントをはじめ個々の担当者の意識改革として、シニ
　　　アビジネスに対する優先順位を高めることも不可欠です。

　長年馴染んできた法人向け貸出こそ銀行業務の本丸であり花形という
意識が、有形にしろ無形にしろ、ほとんどの銀行の中にあるはずです。

　ある大手銀行の取締役会では、リテールビジネスの課題を挙げた担当
役員に対して、トップが「それはそちらで決めておいてくれ」と指示し
たといいます。

　いわゆる銀行のキャリアは、いまだ大企業や地元名門企業を中心とし
た法人向け貸出や企画の部門の経験を積んだ人が大半になっています。
そこにリテール部門の人が入ることは少なく、シニア層などのリテール
業務に精通した人材が重層的に育成されることもない悪循環となってい
ます。

　また、預金の重要性を否定するつもりはありませんが、いまだに必要
以上に預金量の拡大を経営目標に掲げている銀行もあります。本当にシ
ニア層を含む個人向け資産運用ビジネスを主力業務とするつもりなら
ば、預金から預かり資産へとリバランスに伴う経営目標がでてきてもい
いはずです。

　預金に固執することで、いつまでも預金を原資に低利で貸し出すとい
う過当競争下にあるビジネスモデルから脱却できないことにもなりま
す。

●試行的・暫定的に始めてみようは危険

トップマネジメント自身も、シニアビジネスを長期的・永続的に行う意志と計画があるのか、自ら問う必要があります。

そして、覚悟すべきは、いくらシニア層の資産規模やマーケットが大きいからといっても、いわゆる大企業向け貸出のボリュームや、中小企業向け貸出から生み出される利ざやからすれば、どうしてもボリューム不足・収益不足となってしまいます。

つまり、シニアビジネスや資産運用ビジネスを主体に生きていくとは、有人店舗や人員を含め、組織全体のダウンサイジングを伴うことになるということです。「それは困るので、シニアビジネスをまずは、試行的・暫定的に始めてみよう」という考えであれば、止めたほうがいいと考えます。

実際、大手銀行のマネジメントレベルでも「折角立派なコンサルティング・オフィスをシニアリッチや富裕層向けにコストをかけて作ったものの、さっぱり集客できないので、閉めようかと思っている」といった発言が聞こえてきます。顧客にも迷惑ですし、長期・安全・安定・保全を前提とするシニアリッチやシニア層がそもそもこうしたスタンスの銀行と永続的な資産運用取引を行うことはありません。

●組織体制や担当者等がコロコロ変えない

シニアビジネスを永続的に続けていくという経営方針だけでなく、組織体制や営業店、担当者をコロコロ変えないことも大切です。それができないならシニアビジネスは諦めたほうがいいかもしれません。

シニアリッチが邦銀取引を避ける大きな理由は、組織体制や担当者などが頻繁に変わることであり、シニアビジネスを本腰入れてやるのかやらないのかはっきりしないことです。決して、FAなど担当者の能力不

足や、金融商品やサービスが劣っていることが、第一の理由ではありません。

　長期・安全・安定・保全を主とするシニアリッチやシニア層からすれば、当然、方針や担当者などがコロコロ変わる銀行と取引をしたいとは思わないはずです。

　互いに慣れてきて少しずつ打ち解けてきたのに、転勤や担当者の変更により、また最初からリレーションを構築することになるのは、双方にとって損失です。また、顧客からすれば、顧客情報の管理は大丈夫か、しっかり管理や引継ぎがされているのかも心配になります。

　シニアビジネスを強化するという方針、そのための組織を変えず、FAなど担当者も変えないということは、結果的に従来のジェネラリスト育成かつローテーション人事を変えることになり、「言うは易く行うは難し」です。こうした取組みは、働き方改革にもつながることになり、トップマネジメントを筆頭に銀行の覚悟が問われることになります。

●シニアビジネスを捨てる選択もある

　もちろんシニアビジネスをやらない選択もあります。そもそもシニアビジネスは全ての銀行が収益を上げられるような簡単なマーケットではなく、競合他社も多くあります。中途半端に取り組んでも、得られるものはありません。

　特に、20億円以上の金融資産を持つような富裕層は、資産運用だけでなく相続・事業承継などにおいても、金融機関・担当者・商品・サービスに対する要求水準も相応に高くなります。

　商品ラインナップ・人材育成・コストの観点から対応できないのであれば、富裕層向けビジネスは捨てる選択もありといえます。実際に、多くの銀行では富裕層への対応を力不足とコストの見合いで積極的には行

っていません。

　いずれにせよ、中途半端な対応や、始めたのに結局撤退することだけは回避したいものです。

　このように、シニアビジネスにおいては、本部の役割は限定的であることと、トップマネジメントの決意と決断が必要なことがいえます。裏返せば、成功は、FA など担当者の資質によるところが大きいということになります。

　マーケットを理解して、コンサルティングを行えて、セールスできる優秀な担当者をどれだけ多く揃えられるかがカギとなります。第4章にて改めて説明します。

第3章

資産管理や相続・事業承継への取組み

増える認知症顧客への
対応と課題

現在、我が国では、シニア層を中心とした認知症患者の増加が社会問題化しています。厚生労働省によると、2012年時点では65歳以上の認知症患者が約462万人で、65歳以上の約7人に1人が認知症患者とされています。

　また、認知症までにはなっていないものの、もの忘れのような記憶障害がある状態とされるMCI（軽度認知障害）患者は約400万人と推計されています。

　両者を合わせると、65歳以上の約4人に1人が、認知・判断能力に何らかの問題を有していることになります。

　今後の高齢化の進展もあり、2025年には認知症患者は約700万人前後まで増加すると推計されており、65歳以上の約5人に1人が認知症患者に該当することになります。

●膨大な金融資産が硬直化する可能性も

　認知症に伴う金融サービスにおける制限の1つに、資産の管理が自由に行えない点が挙げられます。資金の自由な引き出しはもちろん、それまで行ってきた資産運用でも、認知・判断能力に問題があり、本人の意思が確認できないと判断された場合には、一定の制限がかかることになります。

　慶應義塾大学によれば、認知症患者の保有金融資産は100兆円と試算

されており、これが2040年には200兆円にまで拡大する可能性があります。また、みずほ総合研究所によれば、2035年には有価証券保有者のうち70歳以上が50％となる一方で、65歳以上の認知症患者の割合は最大で３人に１人となる可能性があり、その場合、有価証券全体の15％を認知症患者が保有する可能性があるとしています。

　当然ながら、認知症患者が保有する金融資産は、売買などで動かすことが困難になり、銀行にとっては事務手続き上の負担が大きくなります。膨大な金融資産が硬直化することにもなり、金融経済全体にもマイナスになりかねません。

●できないことは行政の力に頼る

　意思決定支援機構監修の書籍『実践！認知症の人にやさしい金融ガイド』（クリエイツかもがわ）によると、ある金融機関の窓口における認知症顧客に関する困りごとの第１位は、「尋ねられたことを何度説明しても理解してくれない」です。第２位は、「通帳紛失」。第３位は、「預金を盗られた」、第４位は、「説明している最中に突然怒り出すなど感情が不安定」ということです。

　日本全国、多くの窓口で同じようなことが日常的に起きています。金融機関にとって負担の多い、認知症顧客に対しては以下のような対応が望まれます。

・認知症サポーターの受講や、介護資格の奨励などにより担当者それぞれが認知症について理解を深める
・担当者の対応を統一し、属人的にしない
・担当者は抱え込まず、かつその場で解決しようとしない
・上席や本部への連絡と連携を行う
・できるだけ複数人数で対応する
・口頭了承を得て記録・録画・録音する

・連続して長時間対応しない

・速やかに家族や支援者へ連絡する

・速やかに自治体へ連絡する

　認知症顧客に対する窓口対応でよくある最大の間違いは、「話を理解してもらおう」「解決しよう」という姿勢です。残念ながら、話を理解できない、または忘れてしまうから、何度も同じ理由で来店されたり、同じ質問や不安を繰り返されるわけです。

　ここでも、銀行や担当者にできることとできないことを、はっきりさせることが大事になります。認知症顧客への対応は大変難しいことです。できないことについては、行政の力に頼ることになります。

●地域包括ケアシステムを構築

　我が国では、諸外国に例をみないスピードで高齢化が進行しています。65歳以上の人口は、現在3,000万人を超えており（国民の約４人に１人）、2042年に約3,900万人でピークを迎え、その後も75歳以上の人口割合は増加し続けることが予想されています。

　このような状況の中、団塊の世代（約800万人）が75歳以上となる2025年以降は、医療や介護の需要がさらに増加することが見込まれています。

　このため、厚生労働省は、団塊の世代が75歳以上となる2025年を目途に、重度な要介護状態となっても住み慣れた地域で自分らしい暮らしを人生の最後まで続けることができるよう、住まい・医療・介護・予防・生活支援が一体的に提供される地域包括ケアシステムの構築を推進しています。

　今後、認知症の高齢者の増加も見込まれることから、認知症の高齢者の地域での生活を支えるためにも、地域包括ケアシステム（図表１）の構築が重要です。地域包括ケアシステムは、概ね30分以内に必要なサー

図表1　地域包括ケアシステムに銀行も関与

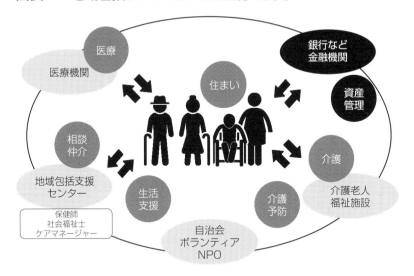

（出所）厚生労働省、カンパニーレポート、マリブジャパン

ビスが提供される日常生活圏域（具体的には中学校区）を単位として想定されています。

　地域包括ケアシステムの実現に向けた中核的な機関として、地域包括支援センターが各市区町村により設置されています。地域包括支援センターは、2005年の介護保険法改正で定められた、地域住民の保健・福祉・医療の向上、虐待防止、介護予防マネジメントなどを総合的に行う機関です。

　地域包括支援センターには、保健師や社会福祉士、ケアマネージャーが駐在しており、専門性を生かして相互に連携しながら業務にあたります。

　各地域の医療機関や、介護老人福祉施設、自治会、ボランティア、NPOなどと連携して、介護・介護予防・医療・生活支援の分野での包括的な体制を構築しつつあります。

●地域包括ケアシステムとセンターとの協働を

　銀行など金融機関の多くにとって、地域包括ケアシステムの構築に関わり始めたばかりです。一方で、広島銀行や中国銀行のように、地元自治体と包括的に連携することで、支援を必要とする高齢者を窓口対応や渉外活動などを通じて把握し、市町村や地域包括支援センターへの情報提供を行う銀行もあります。

　銀行全体としての連携協定がなくても、営業店が独自に支援の必要な高齢者の家族に地元の地域包括支援センターについて紹介したり、地元の地域包括支援センターに支援を必要とする高齢者の情報を伝えたりしている銀行もあります。

　シニアビジネスを強化する上では、銀行が積極的に地域包括ケアシステムの構築に携わり、地域包括支援センターと協働することが大切です。

　そのためには、常日頃から、自治体の担当部署のスタッフや、地域包括支援センターの保健師・社会福祉士・ケアマネージャーなどとコミュニケーションをとることが大切になります。シニア顧客を多く抱える銀行にとっても、地域社会全体の観点からも、メリットがある試みになるはずです。

2

成年後見制度の利用と
支援・関連商品の充実

認知症を含む知的障害や精神障害などの理由で判断能力が不十分な場合、自身の預貯金や不動産などの財産を管理したり、介護のサービスや施設への入所に関する契約を結んだり、遺産分割を協議したりすることが困難になります。このような状況の人を保護・支援するのが成年後見制度です。

　成年後見制度の利用者は、2017年末時点で21万人にとどまっています。同時期にスタートした介護保険制度に比べると少ない状況です。現状は低調であるものの、国が策定した成年後見制度の利用を促進する計画に基づく環境整備は進んでいます。今後、認知症患者も含めて、成年後見制度を利用する者が増加することが予想されています。

　我が国の金融資産の大半をシニア層が保有する状況に鑑みれば、成年後見制度の利用増加に伴い、同制度の枠組みに入る金融資産が大きく増加していくことが想定されます。こうした資産をどのように管理していくかは、銀行にとっても重要な課題の1つといえます。

●成年後見制度と家族信託の概要

　成年後見制度は、法定後見制度と任意後見制度に大きく2つに分けられます。

　法定後見制度は、認知症などにより判断力が低下した場合に、申立てにより、家庭裁判所が成年後見人・保佐人・補助人を選任します（判断

図表2　法定後見の概要

趣旨	判断能力低下後、申立てにより家庭裁判所が選任。本人のための運用
目的	本人のための財産管理。身上監護
効力期間	本人の死亡まで
法的な代理権	あり
財産管理の主体	法定後見人（家庭裁判所が選任）
報酬	報酬あり
監督機関	家庭裁判所、後見監督人

（出所）信託協会、しんきん成年後見サポート、マリブジャパン

図表3　任意後見の概要

趣旨	判断能力低下前、任意後見人と財産管理プランを定める。本人のための運用
目的	本人のための財産管理。身上監護
効力期間	本人または任意後見人の死亡まで
法的な代理権	あり
財産管理の主体	任意後見人（主に家族や親族など）
報酬	自由に定めることが可能
監督機関	任意後見監督人

（出所）信託協会、しんきん成年後見サポート、マリブジャパン

能力の程度など本人の事情に応じて異なる）。成年被後見人・被保佐人・被補助人（本人）のための財産管理・身上監護を目的として、本人が死亡するまで効力を持ちます（図表2）。

　一方、任意後見制度は、本人が自身の判断能力の低下前に、公正証書をもって、家族や親族などがなる任意後見人（代理人）と代理権に関する契約を締結します。法定後見制度同様に、本人のための財産管理・身上監護を目的とし、本人または任意後見人の死亡まで効力を持ちます（図表3）。

　その他に、家族信託を用いた資産管理の方法もあります。家族信託

図表４　家族信託の概要

趣旨	判断能力低下前、家族間で信託契約締結。財産の柔軟な運用が可能
目的	家族のための財産管理
効力期間	自由に設定可能
法的な代理権	なし
財産管理の主体	信託受託者（家族や親族など）
報酬	無報酬
監督機関	受益者代理人など

（出所）信託協会、しんきん成年後見サポート、マリブジャパン

は、本人（委託者）が自身の判断能力の低下前に、家族などとの間で信託契約を締結することが一般的です。本人の資産の管理を目的として、資産を柔軟に運用することが可能となります。家族や親族などが受託者あるいは受益者となり主体的に管理することになります。効力期間は自由に設定できるうえ、家族などによる資産管理となるため、管理報酬がかからないという魅力があります（図表４）。

　銀行では、法定後見制度・任意後見制度・家族信託の利用支援に取り組んでいます。ただし、銀行の中には、十分な支援を行えていないところもあり、積極的な取組みが期待されます。

●資産管理ニーズに対応する商品も

　これらの他に、シニア層の潜在的需要に対応する金融商品として、後見制度支援預金を取り扱う銀行もあります。

・後見制度支援預金

　これは、成年被後見人の財産を日常的に使用する金銭と普段使わない金銭に分け、日常的に使用する金銭に関しては成年後見人が管理し、普段使わない金銭については家庭裁判所の報告書・指示書がないと入出金などの取引ができない普通預金です。

また、後見制度支援信託や代理出金機能付信託などの取扱いも増えています。

・後見制度支援信託

　後見制度支援信託とは、成年被後見人の資産のうち、日常的な支払いをするのに必要十分な金銭を預貯金等として成年後見人が管理し、通常使用しない金銭を信託銀行等に信託する仕組みです。

　家庭裁判所の指示を受けて、銀行との間で信託契約を締結します。信託財産を払い戻したり信託契約を解約したりするには、家庭裁判所が発行する指示書が必要です。

・代理出金機能付信託

　代理出金機能付信託は、認知症などで契約者本人の判断能力が低下する場合に備えて、家族などの代理人が信託財産を引き出せる商品です。

　三菱 UFJ 信託銀行の「代理出金機能付信託（つかえて安心）」では、シニア層の多くがスマホを使いこなしていることを踏まえて、専用のスマホアプリを用意しており、本人や家族等が口座の入出金を確認できたり、資金が必要になった際に払出しを申請できたりします。

　その他、遺言・相続関連では、遺言信託、遺言代用信託、公正証書遺言、死後事務委託などが挙げられます。

・遺言代用信託

　遺言代用信託とは、依頼者の死後、死亡診断書などを提示すれば相続人らがすぐに遺産を受け取れる仕組みになります。

　要件が厳格な遺言書を作成する必要がなく、簡単な手続きで財産を希望通りに引き継げるのが特徴です。銀行預金の場合は、遺産分割の協議が終わるまで口座が凍結されることがあるため、葬儀費用や当面の生活費の備えとして遺言代用信託を利用するニーズが高まっています。

3

信託業務の強化と
信託商品の充実

メ ガバンクだけでなく地方銀行においても、シニア層の資産管理や
相続に関するビジネスを深化させ拡大させるためには、信託業
務・遺産整理業務の強化は重要です。

　実際、地方銀行による信託業務への参入が相次いでいます。

　2020年3月現在、地方銀行102行のうち31行が信託兼営銀行として業
務を行っています（図表5）。

　また、地方銀行の中には、代理店として信託銀行と委託契約を結び、
信託銀行の業務の一部を代行する信託契約代理店制度を導入していると
ころもあります。こうした取組みにより、信託代理店業務が行われてい
ます。

図表5　「地方銀行」信託兼営銀行

東邦銀行、八十二銀行、常陽銀行、足利銀行、群馬銀行、武蔵野銀行、千葉銀行、きらぼし銀行、横浜銀行、静岡銀行、スルガ銀行、大垣共立銀行、第四銀行、北陸銀行、北國銀行、南都銀行、京都銀行、中国銀行、広島銀行、山口銀行、百十四銀行、阿波銀行、伊予銀行、四国銀行、福岡銀行、西日本シティ銀行、佐賀銀行、肥後銀行、鹿児島銀行、琉球銀行、沖縄銀行

（注）2020年3月時点
（出所）カンパニーレポート、マリブジャパン

●信託銀行などとの提携が広がる

　みずほ信託銀行では、信託兼営銀行ではない北洋銀行や北海道銀行、青森銀行、筑波銀行など地方銀行向けに、遺言代用信託を提供しています。これらの地方銀行は、システム導入・運用コストを負担することで、①独自の商品名で販売できる、②自行の預金で運用できる、③代理店手数料を得るといったメリットを享受しています。

　みずほ信託銀行は、遺言代用信託の他、暦年贈与信託などでも、地方銀行と提携を進めており、合わせて「信託商品販売管理アプリ」「資産承継アプリ」を提供するなど、タブレット利用による販売や管理面でのサポートも行っています。

　信託兼営銀行として独自開発した商品提供がコスト面で難しい地方銀行にとって、大手信託銀行と提携して商品ラインナップを強化するのは合理的といえます。

　一方、信金中央金庫は、業界独自のブランドの信託商品である「しんきん相続信託（こころのバトン）」と「しんきん暦年信託（こころのリボン）」を、信用金庫向けに提供しています。信託契約代理店となっている信用金庫は158金庫・2,300店舗に及び、2商品合わせた取扱実績は3,580件、187億円となっています（2018年度）。

　遺産整理業務について、大手信託銀行の信託代理店あるいは業務提携店として取り扱う地方銀行は増えています。遺産整理業務とは、相続手続きを相続人に代わって行うサービスです。

　なお、みずほ信託銀行では、対話アプリ「LINE」を使った遺産整理サービスを行っています。事前の相談や、対象財産の指定、換金手続き、報告書の作成などを、LINEのやりとりで完結できます。

4

資産管理や相続に関する
総合的な支援の取組事例

シ　ニア層に対して、資産管理や相続を総合的に支援する銀行が増えています。本項目では、取組事例を紹介します。

【事例 1 】千葉銀行

　千葉銀行は、2006年 6 月に信託兼業の認可を取得して、信託業務（土地信託や公益信託、特定贈与信託）と遺言信託をはじめとする相続関連業務に本体参入しました。

　その後、2015年の相続税法改正や千葉県内の高齢者増加による各種ニーズの高まりを受けて、本体参入実績の強みを生かし、信託業務・相続関連業務の更なる強化を掲げています。

　2015年10月には、信託コンサルティング部を新設。同部には、信託業務・相続関連業務の推進・営業店支援を担う「アドバイザリーグループ」、同業務の商品開発や管理、事務等を担う「受託管理グループ」を置いています。

　順調に業容を拡大しており、相続関連業務取扱件数（サポートサービスや遺言信託、遺言整理）1,471件、収益7.0億円に達しています（2019年 3 月時点）。

●資産運用取引への波及効果を生む

　千葉銀行では、相続関連業務をきっかけに、他の銀行の金融資産や遊

休不動産、資産に対する考え方などを把握することで、資産運用・融資取引の獲得につなげています。家族構成・関係を把握することで、相続に伴う取引の喪失防止につながり、例えば遺言信託の執行後の次世代との関係構築や取引継続にもつながることにもなります。

　相続関連業務の顧客属性は、シニアリッチも多く、シニアビジネスの拡大にもつながっています。遺言信託を契約する顧客の資産の半数近くは金融資産が占めていますが、その金融資産のうち半分程度が千葉銀行に預けられているといいます。

　資産運用取引への波及効果としては、一任勘定商品や保険商品の成約実績に結び付いています。融資取引への波及効果としては、資産継承コンサルティングを通じて、持株会社設立や収益物件購入、納税資金対策など実施し、こうした取組みにより融資獲得に至っています。

　千葉銀行では、各種取引が相互にリンクして収益を生み出す、かつ顧客との総合的かつ長期的リレーション継続にもつながる、理想的なビジネスモデルが構築されているといえます。

【事例２】北洋銀行

　北洋銀行は、みずほ信託銀行の信託代理店として、遺言書を作成せず財産の受取人を指定できる合同運用指定金銭信託（遺言代用型）『ほくよう「家族あんしん信託」』の取扱いを2017年２月より開始しています。

　この商品スキームは、以下の通りです（図表６）。

①北洋銀行は、受託者であるみずほ信託銀行の信託代理店（販売会社）として、北洋銀行の顧客にこの商品を勧誘・販売します。顧客は100万円以上3,000万円以下で申込みができます。

②みずほ信託銀行は、顧客と信託契約を結び、顧客から信託金を受領し信託を設定します。

③みずほ信託銀行は、信託金を主に北洋銀行の定期預金などで運用しま

図表6　ほくよう「家族あんしん信託」の仕組み

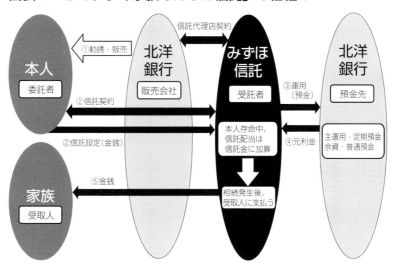

(出所) カンパニーレポート、マリブジャパン

す。

④設定した信託の決算時に定期預金の利息から信託配当を交付し、顧客の信託金に加算します。

⑤相続が発生した際には、家族などの受取人が金銭を受け取ります。

　なお、受取方法は、「一時金受取」と「定時定額受取」の2つの方法があり、組み合わせることもできます。また、家族1人ごとの受取方法や受取割合を指定できます。

　顧客（契約者）に万一のことがあった際に、家族などがすぐに必要なお金を受け取ることができます。契約の主体は契約者とみずほ信託銀行（受託者）となり、北洋銀行は販売会社として、契約者とみずほ信託銀行間の信託契約締結の媒介を行います。

●相続人との接点を確保する商品に

　北洋銀行は、この商品により資産運用や資産承継を検討するシニア層

の対応を強化するとともに、信託された資金は北洋銀行に残る仕組みとなるため、相続資金の流出を防ぐことにもつながります。

　ただし、契約者の死亡時には、相続人が北洋銀行と取引していなければ、資金が流出することになります。このため、この商品を相続人との接点を確保する起点とするとともに、いかに次世代との新たな取引やサービスの提供につなげるかが問われます。

　北洋銀行がみずほ信託銀行の信託代理店として取り扱う商品ですが、北洋銀行が独自に商品名を付けているため、独自商品のように地元顧客に思ってもらうことができます。また、みずほ信託銀行が事務手続きや資金運用を担うため、北洋銀行はコストを抑えられます。

　北洋銀行では、顧客が抱える様々な相続ニーズにきめ細かく対応するために、その他にも、信託代理店として、遺言信託や財産承継プランニング、遺産整理業務などの相続関連サービスを提供しています。

【事例３】秋田銀行

　秋田銀行は、認知症のリスクに備えられる、SOMPOひまわり生命の「笑顔をまもる認知症保険」を取り扱っています。この商品は、認知症予防を目的としており、MCI（軽度認知障害）にも対応しています。

　また、シニア顧客の財産管理と円滑な資産承継をサポートすべく、民事信託コンサルティング業務「家族のバトン」の取扱いを2018年11月に開始しています。

　民事信託とは、個人や法人が受託者となり、信託法に基づき「営利を目的としない業務」として財産の管理・処分を行うことをいいます。

　一般的には、親（委託者）の財産を信託契約に従って子（受託者）が管理する場合が多いです。例えば、認知症などで判断能力が低下することなどに備え、家族に金銭や不動産などの財産管理を託す際に利用されます。

●民事信託のコンサルティングを実施

　秋田銀行では、山田エスクロー信託との提携により適切な財産管理および資産承継が可能となっています。

　具体的には、秋田銀行は、山田エスクロー信託に顧客の紹介・取次ぎを行います。山田エスクロー信託は、顧客からの民事信託の相談に対し、以下のようなコンサルティングを実施します。

①民事信託契約書のひな型の提供および説明

②公正証書作成に関するサポート

③信託契約書に基づく登記申請に関するサポート

④信託口座開設に関するサポート

　なお、秋田銀行の認知症サポーター行員は、従業員数1,381名に対して、半数を超える789名に達しています（2019年3月末時点）。

【事例４】三井住友信託銀行

　三井住友信託銀行は、人生100年時代のフラッグシップ商品として、2019年6月より「人生100年応援信託＜100年パスポート＞」を取り扱っています。

　高齢化が進む中、顧客の資産を守る・使う・つなぐために、支払同意者を指定することで特殊詐欺に備える機能、生活費相当額を定期的に受け取れる機能、認知症や健康の不安に備えて支払手続きを任せる人を指定できる機能などを、パッケージ化しています。

　特徴的なのが、ホームロイヤー（かかりつけ弁護士）のサービスです。第二東京弁護士会と協定を結んでおり、東京都近郊の顧客に対して、弁護士を紹介してもらいます。弁護士は、顧客の①見守りから、②見守り＋財産管理、③任意後見までの３段階のニーズに応じます（図表7）。

図表7 ホームロイヤー3つのサービス・メニュー

	①見守り	
財産監理の主体	本人が財産管理	
サポート内容	安否確認、法律相談、入院など緊急時の支払代行	
費用の目安	1万円／月	毎月1回の安否確認＋1時間程度の相談
	5,000円／月	2ヵ月に1回の安否確認＋1時間程度の相談
チェック機関	第二東京弁護士会	

	②見守り＋財産管理	
財産監理の主体	ホームロイヤーが財産管理	
サポート内容	安否確認、法律相談、財産管理	
費用の目安	2万～5万円／月	依頼内容によって変化
	3万～10万円／月	資産高額・複雑事案など
チェック機関	第二東京弁護士会	

	③任意後見
財産監理の主体	ホームロイヤー（任意後見人）が財産管理
サポート内容	安否確認、財産管理
費用の目安	費用は基本的に「見守り＋財産管理」と概ね同じ。 ただし、任意後見監督人の報酬も別途発生する
チェック機関	任意後見監督人および家庭裁判所による監督

（出所）第二東京弁護士会、三井住友信託銀行、マリブジャパン

　高齢期の財産管理に不安を抱える顧客の支援を強化する施策として、三井住友信託銀行が持つ高い信用力と弁護士の実務能力という最強の組み合わせといえます。このような商品に対するニーズは、今後ますます高まるはずです。

　その他、銀行と医療機関などが連携した、かかりつけ医師やかかりつけ看護師の紹介サービスといった新たな試みも、シニア顧客および家族における、長寿・健康・病気予防とリンケージした資産管理・資産承継ニーズの高まりとともに、必要とされるサービスとなるとみられ、これから登場してくると期待されます。

事業承継ビジネスを
強化する取組み

ほとんどの銀行が、相続の強化とともに、事業承継ビジネスの強化を謳っています。

事業承継とは、会社の経営を後継者に引き継ぐことをいいます。事業承継の類型は、①親族内承継、②親族外（役員や従業員など）承継、③M&A（社外への引継ぎ）の3つに大きく分けられます。

中小企業経営者の高齢化と後継者難が深刻化する中、親族外承継が急速に増加しており、親族内承継を抜いて全体の6割超となっています。このような状況を受けて、事業承継税制の特例が創設されるなど税制面での対応も行われています。

事業承継においては、⑦後継者対策、④資産承継対策、⑦経営承継対策が柱となり、銀行では様々な支援に注力しています。

⑦後継者対策では、例えば、後継者に自社株を計画的に売買・贈与などをするためには、できるだけ早い時期に後継者を決めることが重要になります。

④資産承継対策では、非上場企業株式で高い評価となり、贈与・相続税が高くなる場合は、自社株の評価額の引下げが有効です。

⑦経営承継対策では、自社株を多く持つ経営者に相続人が多い場合、相続により自社株が分散して経営基盤が不安定になるおそれがあります。このため、遺言などによって後継者に自社株が集中するような対策が必要となります。

●企業が存続する手段として M&A が浸透

　①親族内承継や②親族外（役員や従業員など）承継が不可能な場合に、③ M&A が行われることがあります。M&A とは、企業の合併・買収をいい、企業や事業の経営権を移転させることです。部門売却や営業権の譲渡も含まれます。

　M&A には、株式譲渡・新株引受・株式交換、事業譲渡、合併、会社分割など、様々な手法があります。

　M&A の買い手側は、事業をそのまま引き継ぐことで、新事業立ち上げに伴う時間的コストを削減できます。また、既存事業を買うことにより、収益やリスクの予想がしやすく、人材や技術の確保により短期的に業容を拡大できます。

　M&A の売り手側は、創業者利潤の獲得に加え、従業員の雇用の確保などが可能です。

　中小企業庁によると、2025年までに、70歳（平均引退年齢）を超える中小企業・小規模事業者の経営者は約245万人となり、うち約半数の127万が後継者未定とされています。このような状況において、後継者不在のために廃業に至るのではなく、企業が存続する手段として M&A が浸透しつつあります。

●手数料収入も M&A 資金の貸出も期待できる

　銀行は、地域経済や地元企業を守るためにも、事業承継において M&A を支援することが重要です。買い手企業の選定や買収方法の選択・実行、買い手企業の経営者や株主との折衝などの下準備、買収資金の調達方法の選択などを総合的に支援することが求められます。

　このような支援をすることで、銀行としては、手数料収入や貸出取引などが期待できます。

M&A を総合的に支援するためには、専門拠点を設けたり、他社と連携したりすることが重要になり得ます。

　例えば、三菱 UFJ 銀行は東京・名古屋・大阪に専門拠点を設けて、三菱 UFJ モルガン・スタンレー証券と協働の上、M&A アドバイザリーサービスを提供しています。

　日本銀行による低金利政策の影響により利ざやが縮小する中、手数料収入も M&A 資金としての貸出も期待できることから、M&A ビジネスを数少ない有望分野とみなして積極的に取り組んでいる銀行は多くあります。

【事例】きらやか銀行

　きらやか銀行は、連結子会社にきらやかコンサルティング＆パートナーズ（以下、KCP）を有しています。

　KCP では、事業承継対策支援や M&A 支援、財務コンサルティングなどのコンサルティング業務や、「きらやか人材育成プログラム」を中心とした取引先企業の人材育成支援業務などを行っています。

　銀行本体ではなく子会社とすることで、銀行の枠に囚われない抜本的なコンサルティング業務を実施することが可能となっています。

　近年、きらやか銀行では公認会計士や生産管理のコンサルタント、工学博士など専門的な知識を有する人材を雇用してきたり、M＆Aや事業承継、資本政策等を専担として行う「戦略チーム」を設置したりして、顧客の事業ニーズを解決する体制を整備してきました。

　こうした取組みが奏功し、KCP が関与した事業承継・M&A 案件は96件（2018年度）に上っています。KCP 全体の売上高も前年度5,100万円から倍増し、2019年度は、1 億1,900万円を見込んでいます。

　顧客は、事業承継について「事業承継における自社の課題整理をしたい」「自社株式を円滑に後継者に譲りたいが、対策と方法が分からな

い」「自社株式が分散しているが、集約方法が分からない」「身内に後継者がなく、今後どのようにしたらいいか分からない」「後継者の育成方法が分からない」といった不安や疑問を抱えています。

そこでKCPでは、事業承継計画書の策定サポート、MBO・EBOスキームの検討と実行のサポート、種類株式や信託を活用した事業承継スキームの立案と実行のサポート、第三者割当増資を活用した事業承継スキームの立案と実行のサポート、経営承継円滑化法に基づく対策の検討と実行のサポートなどを行い、顧客のニーズに応えています。

顧客は、M&Aについては「事業規模や販売エリアを拡大したいので、新分野への進出を検討している」「社内に後継者がおらず廃業を検討しているが、従業員の雇用は守りたい」「部門別分社化を検討している」「子会社の整理を検討している」といった不安や相談があります。

そこでKCPでは、M&Aの進め方のアドバイス、クロージングまでのプロジェクトマネジメント全般、相手先企業の選定、売り手企業の企業価値（株式価値）の算定支援、相手先企業との面談のセッティングと条件交渉サポート、各種契約書の作成サポートなどを行います。

●財務分析や銀行格付簡易調査などを実施

経営戦略策定コンサルティング・財務コンサルティングでは、顧客から「経営計画を策定したいが、どこから着手していいか分からない」「自社の強み・弱みを『見える化』したい」「利益体質に改善したい」「経営全般のアドバイスが欲しい」「円滑な資金調達を実現したい」といった相談があります。

そうした相談に対して、KCPでは、財務分析や銀行格付簡易調査、事業環境分析（SWOT分析など）、中期経営計画・行動計画策定のサポート、経営指標管理（KPI）策定、経営会議への参加とアドバイス、資金調達のアドバイスなどを行っています。

また、売上日報の赤ペン指導で売上増加を目指す日報コンサルティングや、日本人材機構と連携した経営コンサルティングの強化も行っています。

●積極的に異業種と業務提携を行う

　きらやか銀行および KCP では、事業承継のニーズに対してより広範囲に応えるため、異業種との業務提携も積極的に行っています。

　KCP は、2017年11月に、あおぞら銀行の100％子会社である M&A アドバイザリー会社、ABN アドバイザーズと、企業提携斡旋について協定を締結しています。

　2018年8月には、トランビと M&A による事業承継支援サービスに関する業務提携契約を締結しています。トランビは、事業承継問題に対して、オンライン M&A という手段を活用して解決すべく、M&A マーケット『TRANBI（トランビ）』を運営しています。

　2018年9月には、事業承継マッチングプラットフォーム『BIZMA（ビズマ)』を運営するビジネスマーケットと業務提携しています。事業承継に係る経営課題（M&A や売上拡大、コスト削減、後継者育成など）を抱える顧客に対して、AI を用いて事業の売り手と買い手のマッチングを行うビズマを通じて、企業提携先の探索や売上増加策やコスト削減策の提案、幹部候補の紹介、クラウドファンディングを活用した資金調達など、各種の提案を行っています。

6

相続・事業承継ビジネスの
今後の課題と規制緩和

相続・事業承継の実務において、銀行が行えることは限定されています。そもそも相続・事業承継は法務・税務が必要になる分野です。しかし、例えば銀行員が猛勉強の末に税理士試験に合格できたとしても、銀行員である限り、法令上税理士業務を行うことはできません。

こうした制約があることを踏まえて、銀行は、できることとできないことや、コストセンターとプロフィットセンターなどの観点から、シニアビジネスの一環として相続・事業承継ビジネスをどこまでやるのかを経営レベルで判断しておく必要があるといえます。

●銀行はゲートキーパーに徹する

銀行の相続・事業承継ビジネスにおいては、弁護士や税理士といった外部専門家との連携体制、または弁護士事務所や税理士法人に業務を委ねる体制の構築が、顧客や規制当局とのトラブル回避にもなり、トータルで顧客の利益ともなるはずです。

銀行は、顧客の悩みに気づいたり課題解決を支援したりする「ゲートキーパー」という役割が求められます。

また、収益性の観点からは、相続・事業承継ビジネスは、資産運用取引や貸出取引などにつながるものと捉えて、いかに収益獲得につなげるかを考える必要があります。

なお、少子高齢化が進む中、相続・事業承継においては、不動産売買

や遊休地の有効活用などを含む、総合的な金融サポートを求める声も高まっています。ただし、不動産売買など不動産仲介業務は銀行など金融機関には基本的に認められていません。

　そこで、銀行業界では、相続・事業承継に係る不動産仲介業務を解禁することを規制緩和の要望として提出しています。銀行業務への異業種の新規参入や、銀行業務の拡大が進む中、今後、規制緩和の可能性が出てくると考えます。

第4章

シニアリッチ向け
資産運用ビジネス

1
シニアリッチ向け
資産運用の位置づけ

今後も、少子高齢化と人口減少は続くと予想され、長引く低金利政策の中で法人向け貸出による利ざやが大きく改善する可能性は低いといえます。

一方で、公的年金制度への不安の高まりや、相続・事業承継ニーズの増大などにより、個人向け資産運用ビジネスは拡大することが予想されます。

個人向け資産運用ビジネスの今後の展開としては、短期的にはシニアリッチを中心としたシニア層向け資産運用に重点を置くことになると考えます。シニア層の資産運用取引を積極的に推進することで、足元で収益のボリュームと顧客基盤を確保しつつ、商品・サービスのラインナップ充実や相談販売ノウハウの蓄積などに努めるということです。

中長期的には、シニア層との取引を中核としつつも、若年の資産形成層向けの資産運用(積立定期預金・定期積金・つみたてNISA・iDeCoなど)に収益対象を押し広げて顧客基盤を確保し、持続可能な経営を続けるのが理想の展開と考えます。

シニアリッチをはじめとするシニア層に対しては、今後、銀行など金融機関所属のFAやIFA(独立系ファイナンシャル・アドバイザー)といった専門家によるオーダーメイドの対応が中心となります。

その一方で、資産形成層に対しては、現状以上にインターネットやスマホの利用、ロボアドバイザーなどAI導入が進むことになります。

　シニアリッチ向け資産運用ビジネスを強化する布石は、すでに打たれています。メガバンクだけでなく大手の地方銀行も、証券子会社や資産運用子会社を設立しています。

●ダウンサイジングが不可避

　しかし、残念ながら、個人向け資産運用ビジネスも、全てがバラ色ではありません。

　理由の1つ目は、個人向けのうち資産形成層向けや資産新規層向けの資産運用ビジネスは、デジタル・ネイティブを含む若年層が中心のため、ここ数年のうちに急速に、営業担当者を通じた取引から、AIやロボットを活用したインターネットやスマホのアプリでの取引に置き換わると見込まれることです。

　理由の2つ目は、規模の問題です。個人向けビジネスで得られるボリュームや、金利・手数料などの収益は、法人向けビジネスのボリューム・収益と比べると、半分どころか、3分の1や4分の1、場合によっては10分の1といった規模にしかならないことが想定されます。

　このため、銀行は損益分岐点に基づく適正規模となるまでは、店舗の統廃合や人員削減によるダウンサイジングが不可避となるはずです。

　実際に、メガバンクも地方銀行など地域金融機関も、地域特性に合わせて店舗機能の見直しや店舗削減に加え、人員削減も進めています。

証券子会社・資産運用子会社を保有するべきか

銀行において、収益の柱の1つである手数料収入――。リテール向けの金融商品販売は、一定の手数料収入が見込まれることから、各銀行が注力する分野です。特に、シニアリッチ向け資産運用ビジネスは、今後も有望といえます。

このため、メガバンクだけでなく、多くの地方銀行が、自前で証券子会社を設立して、銀証連携でビジネスの拡大を促し、販売手数料を中心とする手数料収入の確保に努めています。また、資産運用子会社を設立したり出資したりすることで、販売手数料だけでなく管理手数料などを確保する動きも進んでいます。

さらに、保険商品販売の強化のため、保険代理店の設立や専門店舗の展開、業務提携といった動きもあります。

銀行本体に加え、証券子会社と資産運用子会社を有し、保険商品も強化することで、総合力を強化して、顧客基盤と収益基盤を維持・拡大しています。

●メガバンクはグループ一体で取り組む

みずほフィナンシャルグループでは、みずほ銀行とみずほ証券にみずほ信託銀行を加えた「銀・信・証連携」を進めています。みずほ銀行は国内全店舗で金融商品仲介業務を行い、みずほ証券は国内全店が銀行代理店になっています。みずほ銀行は、みずほ信託銀行の信託代理店とし

て信託商品を取り扱います。

　現在は、店舗においてリモート窓口も活用しつつ、銀信証ワンストップのコンサルティングを行っています。一方、インターネットを活用して銀信証の一体化も進めています。銀信証サービスの拡充を同時並行的に進めることで、サービスの向上とコスト競争力の強化を両立させるとしています。

　三菱UFJフィナンシャル・グループでは、グループ共同店舗である「MUFG PLAZA」を増やし、銀行・証券に信託銀行を加えた一体的な業務運営を進めています。三菱UFJ銀行は、三菱UFJモルガン・スタンレー証券などからの出向者を増員し、証券プロ人材による営業体制を強化しています。

　三井住友フィナンシャルグループでは、三井住友銀行とSMBC日興証券が銀証連携を展開しています。リテール向けサービスでは、銀行側から積極的な運用ニーズのある個人顧客を紹介して、証券側から資産・事業承継ニーズのある顧客を紹介しています。

●地銀の証券子会社の撤退・縮小の可能性も

　メガバンク同様、横浜銀行や千葉銀行、静岡銀行など大手地方銀行も証券子会社を保有しています。2018年以降、九州FG、十六銀行、大垣共立銀行などが新たに証券子会社を設立しており、2020年3月現在27の銀行・グループが証券子会社を保有しています（図表）。

　証券子会社を有して、金融商品の品揃えを強化することで、金融商品の販売体制をより強固にしています。総合的な金融サービスを提供することで、顧客基盤と収益基盤を維持・拡大するのも狙いです。

　証券子会社を設置することで、銀行では公共債やバランス型投資信託、年金保険などを取り扱い、証券子会社ではテーマ型投資信託、外貨建て債券、仕組債といったよりリスクの高い商品を取り扱うことで、シ

図表　地方銀行の主な証券子会社

銀行名・グループ名	証券子会社名	形態	時期
八十二銀行	八十二証券	完全子会社化	2006年4月
山口FG	ワイエム証券	東海東京FHと共同出資	2007年10月開業
めぶきFG	めぶき証券	新設証券子会社	2008年5月開業
横浜銀行	浜銀TT証券	東海東京FHと共同出資	2008年11月開業
中国銀行	中銀証券	完全子会社化	2009年6月
百五銀行	百五証券	新設証券子会社	2010年3月開業
西日本シティ銀行	西日本シティTT証券	東海東京FHと共同出資	2010年5月開業
千葉銀行	ちばぎん証券	完全子会社化	2011年10月
ふくおかHD	FFG証券	完全子会社化	2012年4月
伊予銀行	四国アライアンス証券	新設証券子会社	2012年10月開業
池田泉州HD	池田泉州TT証券	東海東京FHと共同出資	2013年9月開業
静岡銀行	静銀ティーエム証券	完全子会社化	2014年4月
第四北越FG	第四北越証券	完全子会社化	2015年10月
山陰合同銀行	ごうぎん証券	新設証券子会社	2015年10月開業
東邦銀行	とうほう証券	新設証券子会社	2016年4月開業
群馬銀行	ぐんぎん証券	新設証券子会社	2016年10月開業
ほくほくFG	ほくほくTT証券	東海東京FHと共同出資	2017年1月開業
沖縄銀行	おきぎん証券	完全子会社化	2017年3月
七十七銀行	七十七証券	新設証券子会社	2017年4月開業
栃木銀行	宇都宮証券	東海東京FHと共同出資	2017年4月開業
京都銀行	京銀証券	新設証券子会社	2017年5月開業
広島銀行	ひろぎん証券	完全子会社化	2017年6月
九州FG	九州FG証券	新設証券子会社	2018年1月開業
北洋銀行	北洋証券	完全子会社化	2018年10月
南都銀行	南都まほろば証券	完全子会社化	2018年10月
十六銀行	十六TT証券	東海東京FHと共同出資	2019年6月開業
大垣共立銀行	OKB証券	新設証券子会社	2019年10月開業
東京きらぼしFG	きらぼし証券	証券子会社設立	2020年8月開業予定

（出所）カントリーレポート、マリブジャパン

ニアリッチの資産運用ニーズにも対応することができます。

　とはいえ、証券子会社の業績は、足元では減収減益傾向にあります。金融商品販売を主体とする証券子会社は、マーケットに大きく影響される面が大きく、コンプライアンス対応やシステムコストも重荷になっています。

　これは、リスクの高い金融商品でも、安全性重視のバランス型投資信託や債券主体の投資信託でも同じです。

　このため、各社ともマーケット環境に左右されにくい収益基盤の構築を目指していますが、容易ではありません。野村証券と証券分野で業務提携した山陰合同銀行のごうぎん証券が解散予定と報じられていますが、今後も証券子会社の撤退や縮小は続く可能性があります。

●子会社を持たない選択もある

　もっとも、証券子会社や資産運用子会社を持たない選択もあります。実際、りそなホールディングスや、三井住友トラスト・ホールディングスは、リテールを中核業務の1つとしているものの、証券子会社を保有して営業展開しているわけではありません。

　地方銀行が、メガバンクグループや大手証券会社と連携したり、SBIグループなどネット銀行やネット証券と提携したり、他の地方銀行の証券子会社に出資するといった選択もあります。

　銀行などにとって、ネット証券や大手証券会社との提携は、証券子会社設立に伴うコストや維持コストがなく、オープン・アーキテクチャーにより、しがらみがない柔軟な金融商品ラインナップと販売体制を築くことができます。

　一方、販売手数料・自主企画への制約、顧客の外部流出の可能性などがデメリットとして挙げられます。

　銀行にとっての要諦は、シニアリッチ向け資産運用ビジネスをどう充

実させて収益を向上させるのか、そのためには金融商品供給や営業体制をどう行うかであり、証券子会社や資産運用子会社の有無は、そのための方法論ともいえます。

また、証券子会社ではカバーできない、シニアリッチの多様化・高度化する資産管理・保全・運用ニーズには、どのように対応していくのかも重要です。

メガバンクのように、富裕層向け証券子会社やプライベートバンクを持つのが理想ですが、多くの地方銀行などにとってコスト面や人材確保の面でハードルは高くなります。外資系やメガバンク系のプライベートバンクとの提携や、他の銀行などとの共同設立も考えられます。

逆に、シニアビジネス、特に高度な専門性が必要となる超富裕層ビジネスには手を出さない、という選択もあります。

各銀行が、今後のシニアビジネスの柱をどこに求めるかで判断が分かれることになります。

3

事例で検証する
資産運用ビジネス

こ こでは、いくつか事例を挙げます。それぞれに、銀行がどのような体制でシニアリッチを含む個人向け資産運用ビジネスに取り組んでいるか、そこにはどんな狙いがあるか、どんなメリット・デメリットがあるかなどを検証します。

【事例1】証券子会社との連携——広島銀行

　広島銀行では、①商品ラインナップの充実、②相続関連ビジネスの強化、③共同店舗の拡大などを軸に、銀証一体運営を推進することで、シニアリッチを含む個人向け資産運用ビジネスを強化しています。

　2017年6月、ひろぎんウツミ屋証券を完全子会社化し、ひろぎん証券に商号変更しています。広島銀行からひろぎん証券への出向者や銀証共同店舗は拡大しています。

●2021年度には総預かり資産残高10兆円を見込む

　全顧客・総預かり資産残高（含むひろぎん証券）のうち、預かり資産残高3,000万円以上の富裕層顧客は、広島銀行の先数では0.8％で、その残高は21.8％を占めており、ひろぎん証券の先数では3.8％、その残高は38.6％を占めているといいます。これら富裕層顧客には、ひろぎん証券が取り扱う株式や仕組債、外国債券、テーマ型投資信託など、積極型運用商品を中心に提案しているようです。

一方で、預かり資産残高1,000万円以上から3,000万円未満までのミドル層や1,000万円未満のマス層には、広島銀行が取り扱う預金や公共債、外貨預金、積立投資信託など、安定型運用商品を中心に提案しています。

　広島銀行の各支店には、コンサルティングアドバイザーを配置しています。また、資産形成に向けたより高度かつ専門的なアドバイスを行うプライベートバンカーを本部に配置しています。

　広島銀行では、総預かり資産残高（含むひろぎん証券）の積上げを進めており、2018年度は9兆753億円となっており、2021年度には10兆円を目指しています。

　なお、2020年2月、広島銀行は、SBI証券、楽天証券と金融商品仲介を結んでおり、デジタル・ネイティブなど若年層の取込みを図るとしています。

【事例２】ネット証券との提携──清水銀行など

　地方銀行がネット証券と提携するケースが増えています。代表的なケースがSBI証券との提携です。

　SBI証券は、2017年3月の清水銀行との提携を皮切りに、筑邦銀行、愛媛銀行、京葉銀行、きらぼし銀行などと、金融商品仲介業サービスで提携しており、今後も提携先を増やしていく方針です。

　例えば、筑邦銀行は、SBI証券と金融商品仲介業務に関する業務委託契約を締結し、2017年10月より、筑邦銀行の顧客向けに投資信託や国内株式など金融商品の提供を開始しています。筑邦銀行のホームページなどのWEBサイトを経由してSBI証券の証券総合口座を開設し、SBI証券が取扱う様々な金融商品やサービスを利用して、顧客各自の投資プランに合わせた資産運用を行うことが可能です。

　また、SBI証券の親会社であるSBIホールディングスは、「第4のメ

ガバンク構想」を掲げており、島根銀行、福島銀行、筑邦銀行、清水銀行が、資本または業務提携するなどより広範な囲い込みの動きも進んでいます。

【事例３】資産運用子会社への共同出資──横浜銀行など

　メガバンクだけでなく、地方銀行においても、資産運用子会社を設立したり出資したりすることで、販売手数料だけでなく管理手数料（信託報酬）を確保する動きも進んでいます。

　例えば、横浜銀行と三井住友信託銀行の共同出資により設立された、スカイオーシャン・アセットマネジメントは、2015年４月に業務を開始しました。その後、京都銀行、群馬銀行、東京きらぼしフィナンシャルグループが出資しています。

　公平性の確保など課題はあるものの、今後は、機関投資家に対するサービスのように、資産運用子会社のファンドマネージャーが直接、シニアリッチなど特定顧客に運用状況を説明するといった付加価値を付けたサービスも考えられます。

【事例４】総合金融サービス──山口フィナンシャルグループ

　銀行における金融商品販売において、投資信託や債券などと併せ、大きな柱となっているのが保険です。銀行は保険代理店として、各種保険商品を取り扱っています。

　保険会社からの出向者を活用した保険見直し提案を強化するなど、積極的に推進する銀行がありますが、保険会社の営業員やインターネット、保険代理店を経由した販売と比べて銀行経由の販売はいまだに低く、開拓の余地があるといえます。

このため、地方銀行の一部では、保険会社や保険ショップと業務提携し、独自の専門店展開や子会社を設立するといった新しい動きも出てきています。

●資産運用コンサルティングを実施

山口フィナンシャルグループ（以下、山口FG）では、顧客のライフサイクル・資産規模に応じた最適な商品・サービスを提供できるよう、製販一体ビジネス体制を整えています。

証券子会社のワイエム証券では、銀行では取扱いできない幅広い金融商品をラインアップしています。仕組債や外貨建て債券といった、高い収益性が期待できる反面、リスクも高い商品を、顧客に十分に説明した上で、資産運用コンサルティング機能などを提供することで専門性を発揮しています。

また、山口FGでは、ワイエムアセットマネジメント（以下、ワイエムAM）、ワイエムライフプランニングの設立や保険ひろばの子会社化などにより、グループ内でのクロスセル体制を構築することで、付加価値に見合った対価を得ることと、他の金融機関との差別化を図っています。

●管理手数料も取り込める

なお、ワイエムアセットマネジメントは、山口FGと大和証券が共同で設立した資産運用会社です。

両社のノウハウなどを共有して投資信託商品を開発し販売を強化しています。山口FGは顧客の要望に合った専門性の高い商品を提供でき、大和証券は山口FGの店舗網を優先的に活用して投信販売を増やせるメリットがあります。

第1号ファンドとして、中長期的な資産形成をサポートするバランス

型投資信託 2 本をはじめ、2020 年 3 月現在では、あわせて 6 本の独自ファンドを運用しています。

　かつて、多くの銀行では、取り扱う金融商品は自行オリジナルではなく、大手証券会社や大手運用会社の商品などがほとんどでした。

　しかし、近年では、山口 FG のように自前の資産運用会社を保有したり、資産運用会社に出資したりする地方銀行も増えています。自前の資産運用会社を保有することで、より顧客ニーズに沿った商品開発に関われるほか、資産運用会社に入る管理手数料（信託報酬）も取り込めるようになります。

公的年金不安や
資産形成ニーズの取込み

　金融庁は2019年6月に、金融審議会の市場ワーキング・グループ報告書「高齢社会における資産形成・管理」を公表しました。

　この報告書の中で、「夫65歳以上、妻60歳以上の夫婦のみの無職の世帯では毎月の不足額の平均は約5万円であり、まだ20〜30年の人生があるとすれば、不足額の総額は単純計算で1,300万円〜2,000万円になる。この金額はあくまで平均の不足額から導き出したものであり、不足額は各々の収入・支出の状況やライフスタイル等によって大きく異なる」（抜粋）と記載されています。

　これについて、「公的年金があるにもかかわらず、老後資金が2,000万円も不足する」といった報道やSNSなどをきっかけに、懸念や誤解が国民の間に広がり、折からの国政選挙の時期とも重なったために、政府、与野党、国会を巻き込んだ論争、問題となりました。

　世論の反発もあり、麻生太郎金融相が同報告書を受け取らないと表明し、その後、正式な報告書と認められないまま、金融庁のホームページ上で案として引き続き掲載されています。

　いずれにしても、平均寿命が伸びていること、退職給付金が減少傾向にあることに加え、今後のマクロ経済情勢によっては、公的年金支給額が減少する可能性がある中、老後資金が不足する事態は推測され得る状況です。

　老後への備えとして、就業の継続、支出の見直しなどに加え、資産運

用によって、健康寿命だけでなく資産寿命を延ばす重要性が増している
といえます。

●資産形成向け商品の利用に追い風も

「老後2,000万円問題」は、結果的に、多くの国民に、公的資金の今後
もあり方や、自助努力による資産形成について、改めて考えるきっかけ
を作ったといえます。

　個人金融資産の増加や公的年金制度への不安、相続ニーズの増大など
から、一時払い終身保険など保険商品や、NISA、iDeCo などの利用も
追い風になっています。以下では、代表的なものを簡単に紹介します。

・一時払い終身保険

　一時払い終身保険とは、契約時に保険料を一括で支払う終身保険で
す。保険金額が同額の平準払い終身保険（いわゆる積立タイプ）よりも
保険料を安く抑えることができます。

　平準払い終身保険に比べて、解約返戻金が払込保険料総額を上回るま
での期間が短く、資産形成にも活用できます。

　ただし、保険料を契約時に一括で払い込むため、まとまったお金を用
意しておくことが必要です。

　契約してすぐに解約してしまうと元本割れする一方、死亡・高度障害
保障は一生涯続きます。

・ときどき分配型の投資信託

　ときどき分配型の投資信託は、例えば、2ヵ月に1回分配金を払う
「年6回型」は、年金支給がない奇数月に分配金を受け取れる仕組みに
よって高齢者のニーズに応えています。分配金を頻繁に支払うことは運
用効率が悪いとされるものの、高齢者の公的年金の不足分を、元本を取
り崩してでも定期的な現金収入により補いたいという要望に応える運用
商品といえます。

●長生きリスクに備えることが可能

・トンチン年金

　トンチン年金とは、死亡保険金や解約返戻金を抑えることで、生き残っている加入者で分配して保険金（年金）を受け取る商品です。早く亡くなった人は損をし、長生きした人ほど得する仕組みです。

　長生きリスクに備えることが可能である一方、50歳以降しか加入できず、保険料は割高です。また、年金受取前に死亡・解約した場合、支払った保険料の７割ほどしか戻ってきません。平均寿命以上に長生きしなければ元が取れない、といった点には注意が必要となります。

　日本生命「グランエイジ」、第一生命「ながいき物語」、太陽生命「100歳時代年金」などが販売されています。

　銀行など金融機関では、シニア層向けに様々な商品・サービスを展開しています。ここでは、事例としてトマト銀行の取組みを紹介します。

【事例】 トマト銀行

　岡山県を基盤とするトマト銀行は、地元最大手の中国銀行の他、数多くの信用金庫やJAバンクがひしめく中、高齢化の進展と預貯金の選好が強いという地元の特性を踏まえ、「個人のセカンドステージ応援」を重点施策の１つに掲げています。

　トマト銀行の個人預金の約５割を65歳以上、約２割を75歳以上の高齢者が保有しているとみられ、シニア層向けの預金の充実は、他の金融機関との差別化を図る上でも重要な方策となっています。

・トマト年齢優遇定期預金「円熟世代」

　トマト年齢優遇定期預金「円熟世代」は、50歳から歳を重ねるごとに金利がアップするという特徴を持った商品です。３年定期の場合、50代は0.05％、60代は0.06％、100歳以上なら0.10％の金利上乗せで、年金振

込みや退職金振込みなどがあれば、さらに金利が各々0.10％上乗せされます。

　例えば、55歳の顧客が、300万円をスーパー定期に3年間預け入れ、かつ年金受取りと退職金受取りの口座予約をした場合、店頭表示金利から年0.05％ +0.20％の合計0・25％が上乗せされることになります。

　この商品には、退職金受取前の金利優遇サービス「トマト退職金受取口座予約サービス」も用意されており、退職前のシニア世代の資産運用ニーズの取込みに生かされています。

・退職金運用への金利優遇

　退職金の運用方法としては、「トマト・デュエットプラン（退職金運用プラン）」を用意しています。投資信託と円定期預金を同時に申し込む場合、例えば、投資信託30万円以上の預入れで、同額以内の定期預金の金利を当初3ヵ月間4.0％上乗せするプランなどがあります。

　退職金運用向け金利優遇サービス「セカンドプラスα」も用意されています。

●長期・分散投資は本当に必要か

　なお、世間一般に長期投資と分散投資の必要性が謳われていますが、これらの効用に関して、素朴な疑問があります。

　例えば、投資を始めるにあたり、元本をどのように確保するのか、20代、30代の多くは、交遊費など他に優先したいことも多くあり、月々1万円、2万円の拠出でも大変ではないでしょうか。

　また、長期間の投資で貯まった頃には人生残り10年では、現役世代を楽しむなどライフスタイルの多様化にそぐわなかったり、そもそも人生もマーケットも予測不能で、結婚や引越し、病気、転職などによって、途中で金融資産を取り崩したり、予定通り投資できなかったりすることも多いのではないでしょうか。

分散投資については、資産を分散すればするほど、単品投資よりもパフォーマンスは劣るのではないかという疑問もあります。そもそも、第2章で述べた20億円の分水嶺でも示したように、金融資産20億円以上の超富裕層や、機関投資家クラスでなければ、分散効果は発揮されないのではないかと考えます。

　こうした解消されていない疑問点やデメリットについて、銀行は、隠すことなく示していく必要があると考えます。

第5章

スペシャリストの確保と
サポート体制

FA人材の育成・確保と態勢整備

シニアリッチ向け資産運用ビジネスにおいては、FA（資産運用アドバイザー）の存在が重要になります。本書ではFAと表記していますが、その他にFC（フィナンシャル・コンサルタント）、資産運用アドバイザー、クライアント・アドバイザー、そしてPB（プライベート・バンカー）など、銀行によって呼び名は様々です。

シニアリッチ向け資産運用ビジネスにおいては、営業推進部など本部の役割は限定的になります。裏返せば、その成功は、直接、顧客と長期に渡って向き合う専任担当者である個々のFAの活躍によるところが大きいといえます。このため、多くの銀行が、自前での育成や中途採用により、FAの強化に力を注いでいます。

呼称などは加工してありますが、図表1は、ある大手銀行の求人広告をもとに作成しています。内容を見ていかがでしょうか。このような要件を満たす人物が実在するのであれば、是非お目にかかりたいものです。仮に全ての条件を満たす人物がいたとしても、報酬面で折り合いがつかないのではないかと思ってしまいます。

●セールスはFAの資質の根幹

図表1の求人募集のように、FAについて理想を挙げればきりがないですし、現実にそんなスーパーウーマンやスーパーマンを多数揃えるのは不可能です。単純に金融商品知識や市場予想という点では、AIなど

...

図表1　求人広告の例

プライベートバンカー / 求人
【職種】プライベートバンカー
【配属】プライベートバンキング部
【年齢】30代から40代
【年収】経験・能力を考慮の上、当行規定により決定
【職務内容】
　　超富裕層・富裕層向け PB 業務
　1. 事業承継、資本政策の財務アドバイザリー（自社株の株価抑制、保有形態、持株会社設立など
　　　に関するアドバイス）
　2. 顧客の相続・事業承継対策ニーズの為の事業性貸出の施策立案
　3. 資産運用（保有資産を構成する自社株式、不動産、有価証券などのアセットアロケーションの
　　　提案）
　4. 不動産活用の支援5. 企業オーナー向けの後継者育成プログラムの構築
【必要スキル】
　・銀行における PB の経験（特に法人貸出対応可能な人材）
　・銀行における大企業向けのリレーションシップ・マネージャーの経験
【歓迎要件】
　不動産、遺言信託、税金に対する基本的な知識　　スキル・資格等：証券外務員1級、FP2級
　投資運用商品組成経験のある方　　スキル・資格等：証券外務員1級、FP1級、英検1級
【求める人物像】
　　実績・専門性（能力・スキル・経験等）とも優れており、継続的に高い成果を実現できる人材
　1. 業務経験・知識
　　　PB 業務経験が豊富で富裕層ニーズに精通し、国内外のマーケットや多様な運用商品に関する
　　　知識・税務知識・融資知識等、高い専門知識を保有
　2. リレーション構築力
　　　企業オーナーや資産家等 VIP 先から高い信頼を得ることができ、パートナーたる人間関係を
　　　築くことのできる人格・人望の優れた人物
　3. 顧客・組織志向性
　　　プロダクト本位の営業ではなく、コンサルティング営業による中長期的顧客リレーションを築
　　　ける人材
【その他】
　企業オーナー、地権者、病院オーナー等の総資産数10億以上の「超富裕層」の顧客と、「富裕層」
　の顧客を部店長重点深耕先として選定し、信託・証券・不動産等のグループ機能も活用し、きめ細
　かな資産承継、資産運用などの法人個人一体のソリューションを提供する。
　銀行営業店と一体となり、ダブル RM 体制で各種ソリューションを提供する。

（出所）カンパニーレポート、マリブジャパン

ロボットに任せる方法も現実化しつつあります。

　FA として求められるのは、ずばり「顧客のニーズに応じた提案がで
きる人材」といえます。このような人材には、マーケットを理解して、
顧客のよきコンサルタントとなり、セールスすることが必要になります
（図表2）。

　マーケット（の理解・解説）、コンサルティング、セールスという3
つの資質のうち、どれが欠けても、シニアリッチとの永続的な資産運用
取引は難しいでしょう（図表2）。

図表2　FA に必要な力と環境

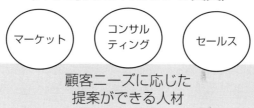

〈FAに求められる3つの資質〉

マーケット　コンサルティング　セールス

顧客ニーズに応じた
提案ができる人材

〈FAが活躍するための3つのポイント〉

独立性　自由度　処遇

FA≒銀行内個人事業主
FA≒顧客確保と収益の源泉

（出所）マリブジャパン

　もちろんセールスは FA の資質の根幹になります。顧客との面談時に、毎回世間話ばかり、毎回「表敬訪問」ばかりの担当者は論外ながら、マーケットの話はできる、金融商品の比較や顧客に適したポートフォリオ提案はできるのに、コンサルティングすることに自己満足してしまって帰ってくる FA もだめです。最後に顧客の購入を決めるセールス力も必要不可欠になります。

　資産運用を通じて長期的な取引関係を築くためには、やはり、顧客のニーズに応じた対応ができることが大切であり、FA による「今後とも長くお付き合いできるよう宜しくお願いします」といった言葉で毎回の面談が終わるようにすることが望まれます。

　FA には、高い倫理観、リーダーシップ、経験、実績、知識も求められます。このため、FA がその能力を最大限に発揮できる環境整備も大切になります。

●個人事業主のような独立性の確保も必要

　もちろんある程度の高い報酬は重要な要素になります。従来の総合職の給与体系から外し、プロフェショナルや専門職として年俸制としたり、成功報酬制の割合を増やしたりすることも考えられます。

　報酬以外に、FAが顧客のニーズに応えることに集中し、気持ちよく働いてもらうために必要な環境として、図表2にあるような独立性、自由度、処遇の3つがポイントになります。

　例えば、顧客にどのような金融商品を提案するかはFAの自由とします。組織に属してはいても、基本的には個人事業主のような独立性・自由度の確保も必要でしょう。

　基本的には異動もなく、本人の希望次第で極力長期間にわたってFAの仕事を担えることも必要となってきます。

「FA≒銀行内個人事業主」であり、「FA≒顧客確保と収益の源泉」となる存在として認めた上で、ふさわしい処遇に加え、独立性と自由度を提供します。多くの行員の憧れの存在・ポジションになることが理想になります。

●FAは自らシニアリッチに近づく努力を

　FA自身が、シニアリッチ向け資産運用のプロフェショナル・スペシャリストとして、常に上昇志向・向上心を持つことも大切です。堂々と誇り高く、身だしなみはしっかり整えます。欲をいえば、競合他社からヘッドハンティングされるくらいの人材となることを目指したいものです。

　そのためにも、少なくともシニアリッチの関心事に興味を持つことは必要と考えます。公的年金制度や税制、相続、医療・健康といった事柄はもちろん、例えば、ラグジュアリーブランドに学んでみるのはどうで

しょうか。実際にラグジュアリーブランドのブティックやショールーム、五つ星ホテルのラウンジを訪ねてみることも一案です。シニアリッチが多く住む街や、人気を集める観光地など訪問してみて、アクティビティなどを体験してみることもプラスになるはずです。

●詰め込み研修は実践に役立たない

「これからは人生100年時代。我が行でもFAを積極的に育成して、現場に投入していこう」という経営陣の判断のもと、行内研修や勉強会の実施、資格取得の奨励、行外トレーニー制度の実施、講演会・セミナー受講などを充実させる、銀行は少なくありません。

担当者1人ひとりにかかる負荷も相当なものとなっており、多種多様で重層的な研修で得た知識を実践で活かす前に、定年または退職とならないことを願うばかりです。

もっとも、金融リテラシーが高く、運用経験も豊富なシニアリッチ向けのFAを、行内研修や資格取得などで育てることができるのかは、はなはだ疑問と考えます。

なんでもかんでも研修すればいいわけではありません。本人のやる気も、適性の問題もあります。そもそも訓練と実践は全く違います。

経営陣と人事部や営業推進部など本部が主導して行った受け身研修や講演会では、均質化されたFAができあがってしまいます。刻一刻と変化する資産運用ニーズに対して、機敏に対応できるのでしょうか。

ビジネスに必要な知識や経験は、FA自らが認識し、探し、学ぶのが基本であるはずです。フィンテックやデジタル・プラットフォーマーなど異業種参入に加え、ライフスタイルの多様化により金融ビジネスそのものが大きく変化する中、シニアリッチ向け資産運用ビジネスにおいても、画一的で遅行性を持つ詰め込み研修だけでは、実践に役立ちません。

●FAの有価証券運用部門への派遣

　それでは、プロパーのFAはどのように育成すればいいのでしょうか。

　1つ目は、市場営業部や証券国際部といった行内の有価証券運用部門への派遣です。自行の有価証券運用を司る部隊こそ、実践的資産運用の教育機関となり得ます。

　全ての資産運用担当者に必須としたいところですが、受入人数に制約もあります。少なくともシニアリッチ担当のFAには、一定期間の有価証券運用部門での経験は必須とすると決めるとよいでしょう。

　もともと、有価証券運用部門に在籍する行員が、FAに転じる形も、その逆も考えられます。

　有価証券運用部門では、個人・法人顧客から集めた預金を原資に、どのように債券や株式などでポートフォリオを組み、市場動向や需給を予想しながら、売買執行して管理しているのかを理解し、実際にその一端を担うことができます。

　また、機関投資家レベルでは、どのような市場情報が飛び交っているのか、コロナ・ショックや米中貿易戦争など大きな経済ニュースが起きた場合、トレーディングフロアはどんな対応をするのか、どんな雰囲気になるのかを認識することも可能でしょう。

　取り扱っている市場情報は意外にシンプルであるとか、意外にたいしたことがないとか、市場イベント発生時にも意外にフロアは静かであるなど、実体験・肌感覚で得ることも、実務経験と同様に大切な資産になります。

●いかにリアリティーをもって運用させるか

　2つ目は、FA自身が実際に自己資金を運用することです。

例えば、行内限定の仮想通貨を元金として持たせ、実際の取扱金融商品を選択してポートフォリオを構築の上、資産運用のシミュレーションを実施します。可能であるならば、教育研修予算を利用して、一律元金を現金支給し、実際に運用させ、損益は個人に還元するというのが一番だと考えます。いかにリアリティーをもって運用させるかは、工夫次第です。

　これら2つの施策を、従来型の座学研修や資格取得に代えて導入すべきです。費用対効果も大きくなるはずです。そして、こうした実践経験が全てシニアリッチとの面談時に生きることになるでしょう。

●実際の経験談こそ価値がある

　金融商品のパンフレットや販売会社が用意するプレゼン資料は、読めばいい、暗記すればいいことです。今の時代、インターネットやスマートフォンで調べることも可能です。ロボアドバイザーなどAIでも可能なことといえます。

　また、市場予想や相場感を語るのは、FAにとって一義的には重要な仕事ではありません。

　忘れてならないのは、シニアリッチの多くは、FA以上に資産運用経験があり、金融リテラシーも高い場合があるということです。こうした顧客に対して、市場予想を一方的に紹介したり、資産運用会社が作成した資料で金融商品を説明したりしても、相手に伝わることはありません。

「英国のEU離脱のとき、まさに、トレーディングルームの現場にいたんです」「実は、私も今お話しした米国株投信の運用経験があります」という事実や実際の経験談こそ、価値があります。金融機関経験者でない限り得られない経験こそが、シニアリッチにとって魅力的で聞きたい話なのです。

●外部から FA を採用し内部で RM の育成を

　各行が自前で、シニアリッチ向け FA を育成できれば理想的です。しかし、行内研修や外部トレーニー派遣、資格取得を重ねれば、有能かつ実践的な FA が必ず育成できるというわけではありません。

　また、前述した有価証券運用部門への派遣と自己資金運用という2つの育成策は、実践的かつ効果的ではありますが、人数や時間、予算には限度があり、FA 全ての育成は難しいでしょう。

　FA を全て自前で育成し、揃えることにこだわった結果、数は揃ったものの、全体的には質の低下を招き、ひいては、顧客サービスの低下、ブランド力の低下、顧客基盤や収益への悪影響を招きかねません。金融リテラシーが高く、証券会社も含めた競合他社との取引もあるシニアリッチは、担当者である FA をよく見ています。

　スペシャリストとしてのシニアリッチ向け FA は、㋐中途採用、㋑シニア OB 採用、㋒IFA（独立系 FA、独立系金融アドバイザー）採用など、外部から採用するのを基本とするのも現実的な選択として考えられます。

　そして、プロパーのシニアビジネスの専担者は、スペシャリストである FA ではなく、御用聞き的なリレーションシップマネージャー（RM）を担うことになります。顧客とのフェーストゥフェースの対話の中で、顧客の要望やニーズを聞きとり、FA や関連部署の担当者、外部のスペシャリストへとつないで協働する形が、現実的かつ実効性が高い施策という考え方もできます。

　無論、RM も決して簡単な仕事ではありません。オールラウンドな知識と経験、顧客の要望やニーズ等を聞き出すコミュニケーション力、人間的魅力が必要となります。FA 同様、RM もまた研修や資格によって得られるものでもなく、簡単ではありません。

2

存在意義が増す
IFAの活用

人生100年時代、日本銀行の低金利政策や公的年金制度への不安も
あり、シニア層の資産運用ニーズも高まっています。それに伴
い、顧客と直接向き合い、顧客のライフプランに沿うように、ポートフ
ォリオ提案を行うFAへのニーズは今後も継続して見込まれます。

　銀行や証券会社などでは、現在FAの育成に努めていますが、一方で
IFAの存在意義も増してきています。

　広義のIFAは、独立・中立的な立場になって、資産運用やライフプ
ラン全般の相談に乗るファイナンシャルプランナー（FP）、株式や投資
信託などを仲介する金融商品仲介業者（IFA）、商品を売らず投資アド
バイスに徹する投資助言業者などが挙げられます。これらを兼ねる場合
もあります。

　米国では、IFAが約12万人と証券会社の営業社員の数を大きく上回
っており、米国内の投資信託の販売額は約半分がIFA経由といいます。

●銀行の内部IFAになるという選択肢も

　IFAは、中立的な立場から資産運用アドバイスが顧客にできます。
転勤や異動がなく、より長期的な視点で顧客と関係を築くことができる
とされます。IFAは、預かり資産残高に応じた報酬や、金融商品販売
に伴う仲介手数料により生計を立てます。

　IFAは、個人であるいは法人に属して活動するケースと、SBI証券や

楽天証券などと業務委託契約を結び活動するケースもあります。

　将来的には、個人事業主として銀行と契約する、銀行の内部 IFA に なるといった選択肢も生まれるでしょう。この場合、プロフェショナル 社員として単年度の個別契約になるかもしれません。また、ある程度の ベースサラリーや福利厚生を認めるといった折衷案も考えられます。

　もっとも、IFA であっても FA であっても求められる能力は同じは ずです。前述した、マーケットを解説する力、コンサルティング能力、 セールス力の３つを持ち合わせて、顧客ニーズに応じた提案ができる能 力です。

　今後は、キャリアパスとして、まずは銀行で FA として力を磨きなが ら、将来的には、独立して IFA となるといったパターンも増えるかも しれません。

　現在、行内で IFA レベルを目指す人材育成プログラムを実施してい るところもあります。その１つが、りそなホールディングスです。

【事例】りそなホールディングス

　りそなホールディングスでは、2019年7月から、プロ人材育成プラッ トフォームとして「りそなアカデミー」を開講しています。

　プロフェショナルコースでは、半年間に30日のカリキュラムで、金融 経済や資産運用に関わる知識・ノウハウの習得だけでなく、実際に、シ ニアリッチなど金融リテラシーの高い顧客への対応能力を高めること で、IFA レベルを目指します。

　卒業試験を実施しており、ライセンスを付与しています。卒業１年後 の更新研修も設けており、知識や経験のアップデートを行う仕組みも整 えています。

3

高齢者ガイドラインと
シニアビジネス活性化の可能性

日本証券業協会が制定した「高齢顧客への勧誘による販売に係るガイドライン（高齢顧客勧誘ガイドライン）」では、75歳以上と80歳以上の２つの年齢を基準に一定のルールを定めています。

目安として75歳以上の顧客を高齢顧客とし、その中でもより慎重な勧誘による販売を行う必要がある顧客を80歳以上の顧客としています。

各金融機関では、ガイドラインをもとに内部ルールを設けています。例えば、役席者による事前承認なしで、勧誘可能な商品として、国債、社債、公社債投資信託（米ドル、ユーロ、豪州建て含む）、上場株式、ETF、ETN、REIT（外国市場を含み、全て現物取引）、日経225やTOPIXに連動する投資信託としています。

その他を勧誘留意商品として、役席者による事前承認が必要としています。

80歳以上の場合には、①翌日以降に受注する、②受注は担当営業員とは別の役席者が行う、③約定後の連絡は担当営業員とは別の者が行うといったルールを導入しています。

●シニア向け資産運用ビジネスがより活性化

高齢者への対応や取引については、確かに留意が必要です。一方で、加齢に伴う能力の低下の程度は異なるだけでなく、投資の経験や資産などの状況も異なり、一律に年齢で規制することの弊害も指摘されていま

図表３　高齢顧客勧誘ガイドライン見直しとデジタル化

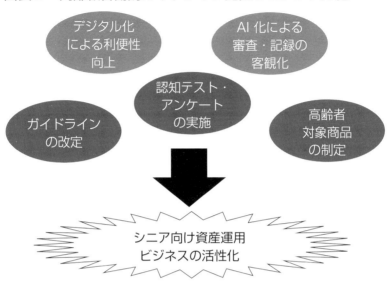

（出所）日本証券業協会、マリブジャパン

す。このため、日本証券業協会や金融庁において、高齢顧客勧誘ガイドラインの見直しが検討されています。

　今後は、デジタル化による利便性の向上、AI化による審査・記録の客観化、認知テストやアンケートの実施、高齢者対象商品の開発と制定などが進むことが期待されます。

　こうしたガイドラインの見直しとデジタル化の進展により、銀行において75歳以上のシニア顧客に対する資産運用ビジネスがより活性化する可能性があります（図表３）。

　銀行としては、今後、内部ルールの変更とともに、取扱商品や勧誘・販売体制などが変わる可能性があります。FAなど担当者は顧客ニーズに応じた対応がより求められることになります。

　なお、次ページではシニア対応を重視し、全社的に適切な対応を推進する野村証券の取組みを紹介します。

【事例】野村証券

　野村証券では、シニア顧客対応専門職である「ハートフルパートナー」が全店に配置されており、シニア顧客とその家族を専門に担当しています。全国149部店180名体制（2018年4月時点）になっています。担当者は10年以上の勤務、異動のない社員で、女性が大半を占めるといった特徴があります。

　人事評価は、手数料収入や買付額を対象とせず、有効接触件数（実際に会って話をした回数）の増加や、資金ストックの滞留、ファミリー化（子や孫まで口座開設ができたか）、顧客満足度調査（シニア顧客本人を対象）の評価に基づいて行っています。特にファミリー化は、相続資金流出や次世代への引継ぎという点からも重要なポイントとしています。

4

ハウスビューの作成と有効活用

「**年**末の日経平均の予想はどうですか？」「ドル円相場は今後どうなりますか？」という質問は、資産運用に関する面談で顧客からよくされるはずです。それに対して FA はどのように答えているのでしょうか。

　まさかとは思いますが、顧客に合わせながら、その時々のメディア報道などをもとに、その場限りの自説をペラペラと話してはいないでしょうか。

　以下の例について考えてみます。

　シニア顧客である田中さんから「年末の日経平均の予想は？」と質問されたとします。これに対して、東西銀行の FA である鈴木さんは、「日本経済回復への期待もあり、年末にかけて上昇すると思います。よって、日本株ファンド ABC をおすすめします」と答えました。

　一方、シニア顧客である田中さんの「年末の日経平均の予想は？」という同様の質問に対して、東西銀行の FA である佐藤さんは、「世界経済の混乱により、年末にかけて低迷すると思います。よって、バランス型ファンド DEF をおすすめします」と答えたとします。

●属人ベースの予想を伝えるのは問題

　この例に登場する FA 2 人の答え方には非常に問題があるのですが、何が問題なのでしょうか。

「同じ銀行のFAが、異なる投資信託をそれぞれ顧客に勧めているのが問題」と考えた人は、相当に旧来型の営業手法に染まっているのかもしれません。

顧客の属性・相場観・意向を勘案しながら、どのような金融商品を提案するかは、FAの自由であるべきです。FAによって異なる金融商品を提案しても全く問題はありません。

問題なのは、同じ東西銀行に所属するFA2人の日経平均の年末予想が、各々属人ベースであり、かつ正反対で異なっているということです。属人ベースの異なる相場予想を、顧客に伝えていることも大きな問題といえます。

個人向け資産運用ビジネスでは、本部主導でオープン・アーキテクチャーな金融商品のラインナップは充実してきました。しかし、肝心の顧客対応については、FAなど担当者の属人ベースで、マーケット解釈や金融商品説明が行われているケースが散見されます。

●ハウスビューを活用する

繰り返しになりますが、FAには、マーケットを理解し、顧客のよきコンサルタントとなって、セールスすることが求められます。特に、マーケットについて、状況を理解して顧客に語ることは経験もセンスも問われます。適切な対応ができなければ、銀行全体のブランド力や顧客基盤の低下を招きかねません。

対策としては、「ハウスビューを持つ」ことが有効と考えます。銀行という組織として公式に、日経平均などの相場についてどのような見解・予想値を持っているか、公表するということです。

FAは、シニアリッチなど顧客への資産運用提案を行う際に必ず、ハウスビューを用いることになります。

しかし、調査部もなく、リサーチ人員もおらず、ハウスビューもない

という銀行も多くあります。仮に、これから行内に調査部を作り、エコノミストやアナリストを揃えて、レポートを作成すると、コストも時間もかかることになります。

　実は、解決法があります。中期経営計画の策定や、各年度の業績予想や行内営業目標を作成する際に、経営企画部や営業推進部などでは前提となる株価や為替、金利の予想値を設定しているはずです。それこそがまさにハウスビューになります。

　予想値をハウスビューとして、A4用紙1枚で公表します。FAはそれを顧客面談時に手元に置いて示すだけでも大きな進歩になります。

　また、証券国際部において有価証券投資の際に用いている、部内の予想値を活用することも考えられます。系列のシンクタンクや地域経済研究所などによる予想値の活用も考えられます。

　ハウスビューを提供することは、銀行としての公式な見解を述べることになりますが、いうまでもなく、予想が当たっているか否かは、大きな問題ではありません。

　そもそも、マーケットは時々刻々と動いており、将来のトレンドも含め予測や予想は困難です。過去の経験則や経済学の教科書が当てはまらないケースも多くあります。

　顧客はハウスビューが的中することだけを求めているわけでもありません。顧客にとって、取引を行う銀行がハウスビューを持ち、継続して公表していることが重要なのです。

●トラブルのリスクヘッジにもなる

　ハウスビューを持つことは、銀行にとっても、FAなど担当者にとっても、リスクヘッジになります。

　FAの属人的な相場予想に従って顧客が投資信託を購入し、その後に大きな損失が生じた場合、大きなトラブルになりかねません。「あの

時、鈴木さんが日経平均が上がると言ったから買ったのに、損した」「佐藤さんの意見にそそのかされた」といった、金融商品販売におけるトラブルの多くを回避する有用な手段ともなるはずです。

ハウスビューは、各銀行のオフィシャルな見解です。各FAの説明に、一貫性や統一性が生まれます。ハウスビューを軸として、現時点の実績値や顧客の見解と対比させることもできます。

特に、シニア顧客との面談においては、ハウスビューが記されたペーパーを手交して説明することが大切です。

●ハウスビューに基づいてマーケットを解説

ハウスビューと顧客の相場観が、逆でもあわてる必要はありません。FAにとって、顧客と決して張り合わないことや顧客を説得しないことも大切です。

誰もマーケットの先のことは正確には分かりません。また、過去のどの時点と比較するかで、どちらともいえる、あいまいさもあります。現時点は、10年前と比較すれば円安であり、1年前と比較すれば円高といった具合です。

FAは、属人的にマーケットを予想するのではなく、ハウスビューに基づいて現在のマーケットを解説できることが求められます。その際には、必ず良い点も悪い点も、リスクも話します。分からないことは分からないと顧客に答える勇気も必要です。

もっとも、FA自身の見解を伝えることも可能です。「会社の見解ではなく、あなたの見方は？」などと、顧客から聞かれるケースがあります。ハウスビューを顧客に説明した後に、FA個人としてのマーケットの見解や意見を述べればいいのです。

5

リサーチ部隊の
創設と有効活用

ハ　ウスビュー活用の抜本的な強化策として、銀行本体や証券子会社にリサーチ部隊を持つという選択肢もあります。。

　リサーチ部隊といっても、大手シンクタンクや大手証券会社、メガバンクの機関投資家向けの経済調査部や投資調査部、産業調査部のように何十人もの専門家を揃え、独創的な経済分析や高い市場予想精度を追求するものとは限りません。

　例えば、行内から調査業務に興味がある人材を募集し、一部外部採用者と合わせて、数名の体制を作ります。オーソドックスな日本マクロ経済の月次レポートの作成からスタートします。

　また、地方銀行であれば、既存子会社のシンクタンクや地域経済研究所などの一部を改変してリサーチ部隊を創設することも考えられます。

　金融リテラシーの高いシニアリッチに対して、長期的なコンサルティング営業やポートフォリオ提案を行うのであれば、投資判断の基軸となるハウスビューを作成するリサーチ部隊は重要な存在になるはずです。

●やみくもに拡大する必要はない

　欲張らずに、日経平均、長期金利、円ドル為替のハウスビューを、月次レポートまたは四半期レポートで公表することからスタートします。その後、顧客ニーズや人員体制に応じて、米国株や米国金利、新興国経済など、ハウスビューの範囲を徐々に増やしていきます。

図表4　リサーチ部隊による取組みの展開

（出所）マリブジャパン

　ハウスビューの内容にメドがついたら、次は、アセットアロケーションの構築と公表に取りかかります。

　最初は、株式と債券に関して、3ヵ月先、6ヵ月先をどうみているのか、強気・中立・弱気と3方向を示します。ハウスビューと同じように、徐々にバリエーションを増やしていければいいのです。

　そして、最終的には、ハウスビューとアセットアロケーションに基づいて、保守型・安定型・積極型といった分類で、シニアリッチ向けにモデル・ポートフォリオの提示ができれば、個人向け資産運用のリサーチ部隊としては1つの完成領域に達したことになります（図表4）。

　レポートに関しても、月次レポートや四半期レポートから始まり、週次レポート、テーマレポートとバリエーションを増やしていきます。

　もっとも、リサーチ部隊自体は、コストセンターです。やみくもに拡大するのではなく、あくまでも顧客ニーズに寄り添い、内部の人員や人材との兼ね合いを計りながら、成長させていくスタンスが必要です。

●リサーチ部隊によるセミナーや帯同訪問を

　営業店やFAなど担当者にとって、リサーチ部隊を有効活用することは重要になります。

　今現在、大手資産運用会社によるセミナーや勉強会に頼り切っている銀行も少なくありません。しかし、将来的には、大手資産運用会社がデ

ジタル化や販売体制の再構築を進める中で、ネットによる直販の拡大や、銀行向けのセミナーや勉強会の有料化が進むおそれもあります。

このため銀行は、大手資産運用会社の力を引き続き活用しながらも、リサーチ部隊によるセミナーや勉強会を増やしていく必要があります。

リサーチ部隊によるシニアリッチ向けのセミナーとしては、例えば、五つ星ホテルでの少人数のディナー付セミナーの開催が挙げられます。案内状は、特定のシニアリッチ顧客宛のシークレットDMで送ります。セミナーの内容は、銀行トップの挨拶や業務内容紹介に続き、リサーチ部隊のエコノミストやアナリストをメインスピーカーにしたマーケット講演です。その後、現在取り扱う金融商品やサービスの説明に続き、個別相談や懇親会につながるという段取りです。

また、最重要のシニアリッチ顧客には、エクスクルーシブに個別面談を設定し、FAやRMとリサーチ部門のスペシャリストが帯同訪問し、ハウスビューなど市場動向を直接解説することも考えられます。

●マーケット混乱時こそ十分な情報提供を

世界経済や金融市場が不安定化することで株価が下落し、顧客が投資信託で含み損を抱えたり、損失計上するケースが増えたりすることがあります。

市場が混乱するときこそ、FAなど担当者はリサーチ部隊をうまく活用しながら、タイムリーに市場情報を顧客に提供し、リスクを説明することが求められます。市況が順調で運用成績が好調なときには、足繁く通っていながら、一転、市況が悪化し運用成績が下がったときに、連絡回数も減ってしまうようでは失格です。

マーケット混乱時こそ、シニアリッチ顧客に注力して、十分な情報提供を行うことが求められます。

第6章

シニア向け貸出を
拡充・拡大する取組み

1

不動産の有効活用と
アパートローン

シ　ニアビジネスの柱の1つである貸出は、不動産に関わるものが主になります。具体的には、アパートローン、リバースモーゲージ、セカンドハウスローンなどが挙げられます。

　地主をはじめとしたシニアリッチには、相続対策や資産運用として不動産の有効活用ニーズが多くあります。特に、アパートローンは、多くの銀行が推進に注力しており、シニア層向けローンビジネスの中核商品となっています。

　アパートローンは、新築や中古のアパート・マンションなどの収益不動産物件を取得するためのローン商品です。定型のパッケージ商品を用意している銀行がある一方で、通常のプロパーローンの中で対応する銀行も多くあります。

　なお、スルガ銀行などで不正融資事件が発覚し、社会的にも大きな問題となっており、アパートローンを含む不動産投資向けのローンについて厳しい視線が注がれています。多くの銀行では、審査基準を厳格化するなど対策を強化しています。

　以下では、アパートローンを中心とした取組みの事例を紹介します。

【事例1】静岡銀行

　静岡銀行では、アパートローンを「土地などの不動産を既に保有している人の資産活用を手伝う商品」、資産形成ローン（投資用不動産融

資）を「所得水準が高くこれから資産形成を行っていく人をサポートする商品」としています。

　アパートローン、資産形成ローンともに、借り手の返済能力に加えて、空室リスクや賃貸価格の低下リスクなど、賃貸物件の収益性を含めた事業リスクを重視した審査体制を整えています。

　特に、資産形成ローンにおいては、取扱いが可能な拠点を限定し、専門研修を受講した行員のみが対応を可能としています。また、金融資産などエビデンスの厳格な確認、入居率や借入金利などのリスクを勘案した審査、外部業者による査定額を採用する担保評価などにより、保守的な運用体制を構築しています。

　アパートローンの2019年3月末時点の貸出残高は、前年比372億円増加の9,388億円に達しています。内訳は、個人向けのアパートローンで静岡県内が5,331億円、静岡県外が2,018億円、資産管理会社向けアパートローンが2,039億円となっています。3ヵ月以上の延滞率は0.11％に留まっています。

　主に東京、神奈川、静岡の高額所得者や富裕層をターゲットにした資産形成ローンは、2019年3月末時点の貸出残高は前年比163億円増加の2,056億円となっています。資産形成ローンの平均貸出金利は年3.473％、年間の利息額は69億円に達し、3ヵ月以上の延滞率は0％となっており、銀行にとって妙味のある取引となっています。

【事例２】横浜銀行

　コンコルディア・フィナンシャルグループの横浜銀行が、都内城南エリアと横浜・川崎エリアを中心に、アパートローン、大型フリーローン（非居住系・収益物件など）、資産管理会社向け融資といった資産家向け融資を強化しています。これには、3つの要因があります。

　1つ目が、都内への店舗・拠点の新設です。東京支店をはじめ、渋

谷・自由が丘・蒲田・調布といった中核店での取引に加え、2016年4月以降、立川、吉祥寺、成城、錦糸町、八幡山と相次いで都内に支店を開設したことで、都内25店舗を有しています。また、訪問活動・事務処理拠点として池袋プライベートバンキングオフィスを新設するなど、東京において、より機動的な取引深耕が可能となっています。

2つ目が、本部のWM（ウェルスマネージャー）と営業店のFC（フィナンシャルコンサルタント）の存在です。WMには、営業店で実績を上げてきた課長・副支店長クラスの優秀なシニアセールスが抜擢されています。超富裕層顧客との中長期的なリレーション構築を目指し、顧客ニーズにオーダーメイドで対応します。FCは、従来ローンと資産運用で区別していた担当者を一本化し、シニアリッチなどのニーズに対してワンストップで対応することで、融資や保険、信託の締結につなげています。WMやFCの配属期間は、通常よりも長期となるよう配慮されています。

●法人設立サポートや法人名義での融資獲得も

3つ目は、個人名義と法人名義がほぼ同条件で選択できることです。多くの銀行では、個人向けのローンは対象となる属性を個人に限定しており、富裕層などが設立した資産管理会社向け貸出の場合には、一般の法人向け貸出と同じように取り扱っています。

横浜銀行では、法人化による節税メリットや相続・事業承継対策など、シニアリッチなどの漠然とした問題意識や疑問に対して、本部のWMなどが、的確にソリューション提案することで、法人設立サポートや法人名義での融資獲得にも結び付けています。

2019年3月末時点では、アパートローンが前年比764億円増加の1兆6,674億円、非住居系の大型フリーローンが前年比33億円増加の2,451億円、資産管理会社向け融資が前年比1,227億円増加の6,286億円となっ

図表1　横浜銀行の資産家向け融資の実績

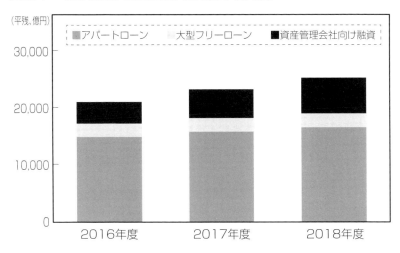

	総資産	純資産	資産負債倍率
平均値	5.2億円	2.3億円	3.3倍
中央値	2.8億円	1.3億円	2.0倍

（出所）コンコルディア・フィナンシャルグループ、マリブジャパン

ており、合計2兆5,412億円に達しています（図表1）。東京・神奈川での実行件数が全体の97％を占めています。

　特に、東京・神奈川は、今後も貸家需要が見込まれます。首都圏の高所得者や地主など富裕層を中心に、不動産投資に関する貸出は、引き続き根強い需要があるといえます。

　シニアリッチには貸出だけでなく保険や信託などのクロスセル収益なども見込めることから、横浜銀行では、引き続き資産家を中心としたビジネスに注力していくとしています。

●審査体制は厳正に運営されている

　横浜銀行では、地主など、資産背景のある資産家を中心にして、資産家向け融資を実行しています。保有資産を負債で除した資産負債倍率が

1.2倍以上の人が利用者全体の約９割を占めています。資産負債倍率の平均値は3.3倍、中央値でも2.0倍と非常に高水準となっています（図表１）。純資産の平均値は2.3億円、中央値でも1.3億円となっています。

　結果的に、利用者は資産規模10億円以上の地主や企業オーナーが中心となっており、いわゆるサラリーマン大家向け融資は少ない状態です。

　審査体制は厳正に運営されています。例えば、積算価格による保守的な担保評価（積算評価法）を実施し、収益還元法は原則不可としています。積算評価法は、現在の土地と建物の価値で評価し、家賃など将来の収益を反映しません。収益還元法は、将来の収益と売却益を試算するため、還元利回りや割引率に恣意性が生じることになります。

　また、第三者から取得した近隣事例などを参考に、賃料水準や売買価格などの観点から計画の妥当性を検証しています。

　審査においては、サブリースに関して加味することはなく、融資対象案件とその他保有物件収支などを合算した総体収支を検証しています。その際には、例えば、借入金利が４％まで上昇した場合や空室率が30％に上昇した場合などにおける、ストレステストも実施しています。

　審査書類の確認の徹底に加え、原則として年１回以上、確定申告など収入に関する書類を求めて、賃料収入状況を確認しています。

【事例３】琉球銀行

　沖縄県では、観光業などが好調なこともあり、人口が増加しています。総世帯数も継続して増加しており、沖縄県によると、65万4,128世帯に達しています（2019年１月時点)。

　世帯数の増加を背景に、国土交通省によれば、貸家１万1,282戸を含めた住宅着工戸数の合計は、１万6,803戸となっており（2018年）、こちらも堅調に増加しています。

　2019年の地価公示の上昇率は、住宅地8.5％・商業地10.3％となってお

り、ともに全国平均を上回る上昇を続けています。

　こうした中で、琉球銀行では、賃貸を目的とした投資用不動産の建築・購入時に利用できるアパートローン「沖縄大好き　夢」を取り扱っています。

　アパートの新築、中古物件や投資用マンションの購入に利用でき、保証料不要、増改築利用可能、団信加入可能となっています。

　借入対象不動産の所在地は沖縄県内に限定しているものの、沖縄県内の人だけでなく県外の人も利用可能です。前年度の税込年収が800万円以上の個人を対象としています。

　融資金額は３億円以内とされており、見積書・売買契約書などの資料で確認できる総費用の70％以内としています。期間は35年以内（建物耐用年数の範囲内）、金利は変動金利・固定金利選択制（３年・５年・10年）となっています。

　琉球銀行のアパートローンを含む貸家業・不動産業向け貸出残高は、2019年３月末時点で5,142億円となり、前年比163億円の増加、貸出金全体の30％を占めています。なお、琉球銀行は、２〜３年後の景気低迷を想定し、2018年10月より、アパートローン審査基準を厳格化するなど、早めの対応で備えています。

セカンドライフの充実を図る
リバースモーゲージの拡充

リバースモーゲージは、自宅を担保にすることで、シニア世代が一生涯、自宅を手放すことなく老後資金などの融資を受けられる商品です。契約者の死亡後は、相続人が、担保不動産である自宅の売却資金やその他資金での一括返済などによって、融資を返済する仕組みであることが一般的です（図表2）。

「自宅を担保に融資を受ける」という点は、いずれの銀行も共通ですが、融資金の受取方や返済の仕組みなどは、銀行によって異なります。例えば、毎月一定額ずつお金を受け取る「年金タイプ」や、まとまったお金を一括で受け取る「一括タイプ」、定められた極度枠内で必要に応じて希望金額を借りる「都度融資タイプ」などがあります。

　持家比率が高いシニア層にとって、住み慣れた自宅に住み続けながら、公的年金以外に、リフォームや旅行、医療・介護などのための資金を得られるリバースモーゲージは魅力的といえます。

　銀行には、担保不動産の価格下落リスクがあるものの、その分比較的高い金利を享受することができます。また、資産運用ビジネス、相続・事業承継ビジネスへの展開も期待できます。

【事例1】東京スター銀行

　東京スター銀行は、2005年に新型リバースモーゲージ「充実人生」を発売して以来、リバースモーゲージのパイオニアとして、その普及啓発

図表２　リバースモーゲージのスキーム例

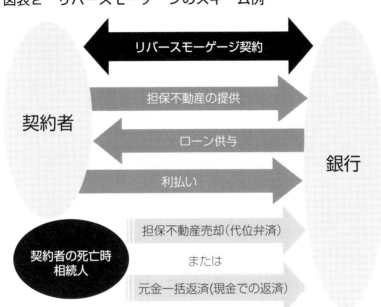

（出所）カンパニーレポート、マリブジャパン

に努めています。

「充実人生」は、55歳以上の個人を対象にしており、年収が120万円以上、配偶者がいる場合は配偶者の年齢が50歳以上などの条件があります。融資の極度額500万円以上１億円以内、使途自由（除く事業・投資）で、担保とする自宅は戸建てもマンションも対象としています。

貸出金利は、変動金利2.950%（2020年３月５日）となります。借入期間は、原則として終身で、契約者本人が死亡してから６ヵ月後の約定返済日までになります。

毎月の返済は極度利用金額分の利息のみになり、元本部分は期限一括返済になります。返済方法は、相続人による「現金での返済」または「担保不動産の代物弁済」です。

「100万円からの少額利用も可能」「資金使途が自由」などの使いやすさ

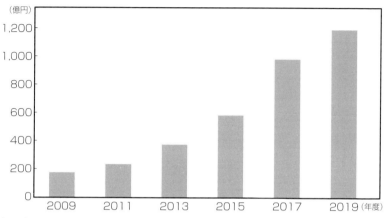

図表３　リバースモーゲージ「充実人生」貸出残高推移

(出所) 東京スター銀行、マリブジャパン

が評価され、利用者数・貸出残高のいずれも増加が続いており、2019年
9月時点の利用者数は1万2,000人を超え、融資残高は1,200億円を突破
しています（図表３）。

　アクティブシニアの中心層である団塊の世代の多くが退職を迎えた
今、老後資金の不安を解消する手段としてだけでなく、老後生活を充実
させるための手段として、利用が広がっています。

　東京スター銀行は、リバースモーゲージの活用も含めて、自宅不動産
も対象にした統合的なポートフォリオに基づき、顧客が「人生の見通し
をつける」ためのサポートを行っています。

●他の金融機関と幅広く提携を行う

　東京スター銀行は、2017年6月に、リバースモーゲージ分野で、静岡
銀行と提携しています。リバースモーゲージ分野で、業界初の銀行間で
の提携です。

　東京スター銀行は、リバースモーゲージのパイオニアとして積み上げ
てきた商品・販売ノウハウを提供しています。静岡銀行が取り扱う「し

図表４　東京スター銀行と連携金融機関の状況

東京スター銀行

静岡銀行
2017年6月

多摩信用金庫
2018年11月

商品・販売・審査・管理
ノウハウの提供＋保証業
務受託

千葉興業銀行
2018年6月

池田泉州銀行
2018年10月

累計利用者数1万2,000人
融資残高1,200億円
（2019年9月時点）

大光銀行
2018年6月

三重銀行
2018年2月

（出所）カンパニーレポート、マリブジャパン

ずぎんリバースモーゲージ『人生謳花』」の商品検討段階でサポートするとともに、静岡銀行の渉外担当者に対し、顧客への提案に向けた研修や、販売促進に関する提案など様々なサポートを行っています。

　また、子会社の東京スター・ビジネス・ファイナンスを通じて、静岡銀行より保証業務を受託しています。

　東京スター銀行では、静岡銀行を皮切りに、三重銀行、千葉興業銀行、大光銀行、池田泉州銀行、多摩信用金庫などと提携しています（図表４）。

　今後も、リバースモーゲージの取扱いを検討する他の地域金融機関に対して、商品・販売ノウハウの提供や保証業務の受託などのサポートを行うとしています。このような活動を通じて、国内でのリバースモーゲージの普及拡大に積極的に取り組むとしています。

東京スター銀行は、西武プロパティーズとリバースモーゲージの顧客紹介業務において提携しています。協働して、西武線沿線などの空き家対策や、相続対策・住み替え・リフォームニーズなどに対して、リバースモーゲージの活用を推進しています。

●保証タイプが新たに加わる

東京スター銀行は、2019年9月に、フィナンシャルドゥと提携しました。フィナンシャルドゥは、不動産のフランチャイズ事業や不動産売買事業などを全国展開するハウスドゥの連結子会社です。

フィナンシャルドゥが「充実人生」に対する債務保証業務の一部を行うことにより、原則として保証人不要とする従来の商品以外に、保証タイプが導入されます。参考までに保証料を含む貸出金利は、変動金利で4.926％とされています（2020年3月5日現在）。

保証タイプが加わることにより、より多くのシニアリッチなどシニア層のリバースモーゲージに対するニーズを取り込むことになります。

【事例２】徳島大正銀行

大正銀行は、1922年4月に関西住宅組合建築として設立され、以来、家づくり、街づくりを得意分野として、地域とともに発展してきました。2016年4月には、徳島銀行と香川銀行を傘下に持つトモニホールディングスと経営統合し、四国から大阪を含めた東部瀬戸内海圏にまたがる広域金融グループの一員となっています。2020年1月に、大正銀行は徳島銀行と合併し、徳島大正銀行となりました。

長く蓄積してきた知見・資源を活かして、戸建分譲住宅をはじめとする住宅関連分野への融資など、「家づくり・街づくり」に関連する地域の活性化に取り組んでいます。実際、2018年度には、大阪府下の新設住宅着工戸数のうち、開発時に貸出実行した戸数は1,083戸となり、大阪

府下の戸建て分譲住宅シェアは10.7％を占めています。

●空き家対策を地域貢献の柱と位置付けて取り組む

　総務省の「平成30年住宅・土地統計調査」によると、2018年の全国の空き家数は848万戸ほどに上り、総住宅数に占める空き家率は過去最高の13.6％を記録しています。

　徳島大正銀行が地盤とする大阪も例外ではなく、増える空き家は社会問題化していました。そこで、徳島大正銀行は、空き家対策を地域貢献の柱と位置付けて取り組んできました。

　例えば、河内長野市と連携したセミナーを定期的に行ったり、一般社団法人移住・住みかえ支援機構（以下、JTI）の空き家の活用を促す「マイホーム借上げ制度」を紹介したり、JTIとの提携ローンである「大正ご自宅活用型ローン〈ゆったり老後〉」を案内しています。

　また、堺市の「一般社団法人さかい空き家バンク」に協賛しているほか、大阪府空き家対策等市町村連携協議会に参加するなど、大阪府下の業者や地方公共団体と連携して、空き家対策に取り組んできました。

●JTIの家賃・空室保証が付く

　前述した「大正ご自宅活用型ローン〈ゆったり老後〉」は、現在「ご自宅活用型ローン〈ゆったり老後〉」という名称で、取り扱われています。この商品は、住まなくなった自宅を賃貸で活用することで、セカンドライフの充実を図る資金に利用できるローンです。

　JTIの「マイホーム借上げ制度」を利用する仕組みになっており、これにより顧客は自宅を売却せずに活用することができます。マイホーム借上げ制度とは、JTIが自宅を借り上げて転貸し、安定した賃料収入を保証するものです。顧客は、JTIと借家契約を結ぶことで、JTIから賃借料収入を得ることができます。その賃借料収入で、返済が行われます

図表5 自宅活用型ローン「ゆったり老後」のスキーム

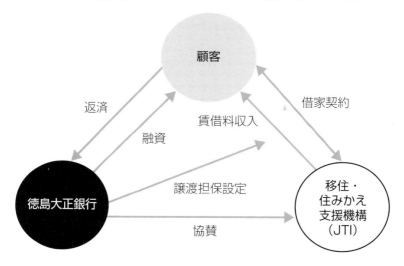

(出所) カンパニーレポート、マリブジャパン

（図表5）。

　資金使途は自由であり、都心への住みかえや田舎への移住、子供世帯との同居、高齢者施設への入居などにかかる様々な資金として利用できます。ただし、事業資金・投資資金には利用できません。

　家賃定額保証金額・期間の範囲内であれば、最大5,000万円・最長35年の借入れが可能です。また、JTIの家賃・空室保証が付くため、返済リスク、空室リスクを回避できます。

　借上げ対象物件の賃料債権を譲渡担保として差し入れる必要があります。借入期間が10年超の場合は、借上げ対象物件に抵当権を設定することになります。なお、相続予定者1名以上の連帯保証人が必要となります。

3

セカンドハウス取得・移住ニーズに応えるローン展開

　シニア層においては、セカンドライフの充実を目的に、都心から地方や郊外へ移住する、または、セカンドハウスを構えるといった動きも活発化しています。

　一方で、地方や郊外から利便性の高い都心などに移るという逆の動きもあります。

　地方創生の観点から、高齢者が希望に応じて都市部から地方へ、あるいは郊外から街中に移り住み、地域住民や多世代と交流しながら健康で

図表6　外資系最高級ホテルの進出

京都（7）
★ザ・リッツカールトン京都（2014年）
★翠嵐ラグジュアリーコレクションホテル京都（2015年）
★フォーシーズンズホテル京都（2016年）
★パークハイアット京都（2019年）
★アマン京都（2019年）
★LXRホテルズ&リゾート（2021年予定）
★マンダリンオリエンタル（未定）

ニセコ（5）
★パークハイアット
　ニセコHANAZONO（2020年）
★リッツ・カールトンリザーブ
　ニセコビレッジ（2020年予定）
★アマンニセコ（未定）
★Wニセコ（未定）
★エディションニセコ（未定）

沖縄（4）
★ザ・リッツカールトン沖縄（2012年）
★イラフSUIラグジュアリーコレクションホテル沖縄宮古（2018年）
★ハレクラニ沖縄（2019年）
★フォーシーズンズリゾートアンドプライベートレジデンスホテル沖縄（未定）

（注）（　）内は開業年、または開業予定年
（出所）カンパニーレポート、マリブジャパン一部推計

アクティブな生活を送り、必要に応じて医療・介護を受けることができる「生涯活躍のまち」（日本版CCRC）づくりが推進されています。

　地方に、富裕層向けの医療機関や高齢者施設、シニア層向けの高級滞在型リゾートが誕生するといった動きが活発化してくる可能性もあります。

　近年、東京以外に、北海道（ニセコ）、京都府、沖縄県などにも、外資系最高級ホテルが増えています（図表6）。こうしたブランド化した地域では、シニアリッチのセカンドハウス・移住ニーズも集まっています。海外においては、ハワイがその筆頭として挙げられます。

　シニアリッチのニーズに対応すべく、銀行はセカンドハウスローンや不動産投資ローン、移住者向けローンなどを展開しています。以下では、取組事例を紹介します。

【事例1】北海道銀行

　北海道のニセコエリアは、パウダースノーで世界的に有名です。シーズンには、オーストラリア人やフランス人などのスキーヤー・スノーボーダー、アジアからの観光客が数多く集まります。

　欧風デザインのホテルや近代的なコンドミニアムが林立しており、それらのほとんどが外国資本による外国人相手のものです。

　近年は、外資系最高級ホテルの開発も進んでいます。外国資本の分譲コンドミニアムや別荘の開発も活発化しており、ニセコは国際的な一大リゾートになっています。

●幅広いニーズに対応する拠点を開設

　北海道銀行では、2016年末に開設したNISECO事務所を通じて、投資動向など情報の収集、観光振興活動への参画・サポートを行ってきました。また、海外発行カード対応ATMを富裕層向けコンドミニアムに

設置、外貨両替機も外国人利用が多いスーパーに新設し、ニセコ町と隣の倶知安町とは地方創生に関する包括連携協定を締結しています。

　更なる開発・交流人口の増加および北海道新幹線の延伸などによる地域振興・経済発展が望まれることから、2019年4月に、預金・為替業務や融資業務など幅広いニーズに対応する拠点として NISECO 事務所を引き継ぐ形で、NISECO 出張所を開設しました。現金の取扱いはなく、営業時間は平日午前中のみとし、少人数で運営しています。

　今後は、実績を積み上げながら、ニセコ地区でフルバンキング機能を持った支店を開設することにより、外国為替取引、地元建設業者や不動産業者への貸出の他、不動産投資を含めた内外の富裕層向けの資産運用などの展開が期待されます。

【事例2】 京都銀行

　京都の伝統的な木造住宅である京町家に対する住居用や事業用のニーズが高まっています。東京や阪神など、京都府外のシニアリッチやシニア層などからセカンドハウスや投資用不動産として注目も集まっています。

　古い木造家屋への融資というリスクを伴うものの、潜在的な価値を重視し、地域の景観保全や空き家問題、人口減少対策にもつながる地方創生の一環として、京町家を対象にしたローンに取り組む地元の金融機関が相次いでいます。

●一定の資料が交付されている京町家に限る

　京都銀行は、京町家を継承し、風情ある京都のまちなみ景観を次世代に残していくため、2015年11月より「京銀住宅ローン京町家プラン」の取扱いを開始し、同時に「京銀住宅リフォームローン」に新たに「京町家金利プラン」を揃えました。

京銀住宅ローン京町家プランは、居住目的に京町家を購入・増改築・修繕等を行うための資金を、優遇条件で貸し出す商品です。適用は、「京町家カルテ」「京町家プロフィール」「個別指定京町家レポート」が交付された京町家に限られています。

　京町家カルテと京町家プロフィールは、公益財団法人京都市景観・まちづくりセンターが発行する、個別の京町家の情報をまとめた資料です。個別指定京町家レポートは、京都市条例により指定された京町家について情報をまとめたもので、京都市が発行しています。

　適用金利は、店頭表示金利から２％程度差し引かれたものです。

　事業性資金は対象外です。店舗併用住宅の場合は、居住部分の面積が50％以上の物件が対象となります。

　京銀住宅リフォームローン京町家金利プランは、京町家カルテや京町家プロフィール、個別指定京町家レポートが交付された京町家のリフォーム資金の借入れに利用できます。融資金利は、店頭表示金利から0.6％差し引いた水準になります。

　これまで、自宅としている京町家のリフォームだけでなく、シニアリッチや富裕層のセカンドハウスとして京町家をリフォームする際に、利用されており、利用実績は積み上がっています。

　今後は、京都銀行が誇る広域店舗網を生かし、東京、名古屋、阪神など、京都府外の店舗によるセカンドハウスニーズの更なる取込みも考えられます。

【事例３】沖縄銀行

　沖縄県においては、セカンドハウス需要も旺盛です。シニアリッチやシニア層を中心として、県内外を問わず、多くの人が取得を検討しています。

　沖縄銀行は「セカンドハウスローン」を取り扱っています。融資金額

100万円以上1億円以内、融資期間3年以上40年以内で、セカンドハウスの建築・購入・増改築資金、住宅ローンの借換え資金などに応じています。

●移住予定者の住居取得資金ニーズに対応

沖縄県は、気候が温暖なこともあり、移住先として人気が続いています。沖縄銀行の「美ら海移住ローン」は、沖縄県移住予定者の住居取得、移住のために利用した他金融機関の住宅ローンの借換えなどの資金ニーズに応えています。

勤続3年以上で税込年収150万円以上、所要資金のうち自己資金を30％超の用意が可能といった条件の下、融資金額100万円以上1億円以内、融資期間3年以上40年以内で応じています。東日本大震災のあった2011年以降、件数、残高ともに、順調に推移しています。

なお、セカンドハウスローンや美ら海移住ローンでは、団体信用生命保険（以下、団信）加入が要件となっているのですが、一般的な団信の他、各種疾病を保障する特約を選択できるようになっています。顧客の万一への不安に対する備えにも対応しています。

団信の費用は、融資金利に上乗せする形で取り受けます。例えば、地銀協団信の「ライフサポート」や、ジブラルタ団信の「ライフサポート・キング」、地銀協団信の「三大疾病」の場合は、融資金利に0.2％上乗せします。また、ジブラルタ団信の「がん保障特約」の場合は、0.07％上乗せした金利が適用されます。

4

海外不動産投資と
ハワイ不動産担保ローン

海外旅行先やハネムーン先として、不動の人気を誇るハワイ──。海外不動産投資先としても、従来から日本のシニアリッチを含む富裕層による居宅・別荘ニーズに加え、ドル資産による分散投資や節税対策として、オアフ島を中心に、新築・中古のホテルコンドミニアムやタウンハウスなどを求める動きもあります。

　最近では、アラ・モアナの隣に位置するワードエリアの再開発などもあり、外国人によるオアフ島での不動産購入者ランキングでは、日本人はトップクラスになっています。

　日本国内での不動産の取得難や利回り低下により、シニアリッチを含む富裕層などが、国内不動産を売却して、ハワイなどの海外不動産に乗り換えるといった動きもあります。

●減価償却メリットを得ることが可能だったが…

　ハワイの不動産は、年率３％で価格上昇を続けていますが、家賃の上昇は緩やかであり、管理費などランニングコストが高いことから、インカムゲインを狙える投資不動産物件は、ほとんどないのが実情といえます。

　一方で、ハワイの物件は、特に建物部分の評価が80％以上となることも多くあります。例えば、築年数が古い木造タウンハウスに投資することで、減価償却メリットを得ることが可能です。これがハワイへの不動

134

図表7　給与所得2,000万円の場合の減価償却費効果

■投資前の税金支払額
　2,000万円×50％－279.6万円＝720.40万円

●ハワイでの不動産投資
物件価格　1億円
建物割合　80％（建物価格8,000万円）
賃料収入　400万円/年間

■投資後の税金支払額
　（2,000万円－1,600万円）×30％－42.75万円＝77.25万円

年間 節税額	720.40万円－77.25万円＝643.15万円
4年間 節税額	643.15万円×4年＝2,572.6万円

（出所）マリブジャパン

産投資の最大の理由といえそうです。

　減価償却の仕組みとその効果を簡単に見ていきましょう。例えば、給与所得2,000万円の個人の場合、税金支払額はかかる税率50％（所得税と住民税）の金額から控除額を引いて約720万円に上ります。

　ハワイの築40年の木造タウンハウスへ投資するとして、物件価格1億円で、建物割合は80％（建物価格8,000万円）とします。建物の法定耐用年数は、木造の場合は22年ですから、築40年と法定耐用年数を超える場合には、4年で償却することになります。

　建物価格が8,000万円に及ぶことから、年間2,000万円を4年間、減価償却費として費用計上できることになります。

　この木造タウンハウスを賃貸して、年間賃料収入は400万円があるとします。この場合の年間収支は、マイナス1,600万円（＝2,000万円－400万円）です。これにより、ハワイへの投資後の税金支払額は、約77万円

となり、大幅に納税額が圧縮され、年間節税額は約643万円、4年間では約2,572万円に上ることになります（図表7）。

つまり、賃料収入を上回る減価償却費計上により、不動産所得金額が減少し損失が生じることで、所得税額が減少することになります。

このような投資は、増やすというより、どちらかというと「守りの投資」といえるため、ある程度の所得がないと減価償却メリットは小さくなります。

もちろん、海外不動産投資には、留意点もあります。

現在、5,000万円を超える資産を海外で保有する場合には、国外財産調書の提出が義務づけられるなど、税務当局による富裕層の海外保有資産の把握が進んでいます。

なお、会計検査院では、従来から国外の中古建物に係る所得税法上の減価償却費について問題視しており、2020年度税制改正大綱では国外の中古建物に係る損益通算を認めないとしており、今後は減価償却メリットを得ることができなくなります。

●自己資金購入が主流ではあるものの…

いずれにせよ、ローンの利用によるレバレッジを効かせた国内の不動産投資とは異なり、海外不動産投資の場合は自己資金での購入が主流となります。

ハワイを例に話をすれば、バンクオブハワイ、ファーストハワイアンバンク、セントラルパシフックバンクなど、地場銀行において、口座を開設して融資を受けることは可能です。ただし、ドル建てでかつ外国人が借りる場合は、プレミアムが加わった5％台の金利となってしまい、投資妙味は少ないといえます。

日本語対応可能なスタッフを配置しているのですが、ローン契約に関する諸手続きは、ほぼ英語で行うこととなる点も、多くのシニアリッチ

には負担感があります。

　海外不動産投資にあたっては、自己資金が主流となっていますが、日本国内での借入れニーズに対応する銀行もあります。

【事例１】東京スター銀行

　ハワイへの不動産投資のハードルの高さを解消したのが、2019年8月よりスタートした、東京スター銀行と日本保証による「ハワイ不動産担保ローン」です。

　最大の特徴は、円建てで、かつ固定金利2.8％（年率、保証料込み）ということです。融資金額は1,000万円以上２億円以下、融資期間は１年以上５年以内となっています。日本国内での、日本語での契約となります。

　担保対象物件は、ハワイ州オアフ島の、ハワイ・カイからエワビーチまでの南岸エリア（ワイキキやアラ・モアナ、カハラなど人気のエリアが含まれる）に所在する不動産です。

　利用対象者は、法人または個人事業主となっており、資金使途は、オアフ島南岸に所在する賃貸不動産の購入資金、当該賃貸不動産を担保とした他の金融機関からの借換え資金、日本国内での事業資金などとなっています。

●現地の不動産取引の安全性が背景にある

　年2.8％の固定金利の実現には、物件評価方法がカギになっています。通常であれば、現地ブローカーなどによる物件鑑定により、評価額を決めることになります。しかし、不動産取引価格が固定資産税評価額とほぼ同額である場合が多いという、ハワイの特性を生かして、現地での物件鑑定を行うことなく、評価額を見定めて審査していることが大きいとみられます。

そもそも、米国は、不動産取引の透明度が高いと評価されています。米大手不動産サービス JLL（Jones Lang LaSalle）発表の「2018年版グローバル不動産透明度インデックス」によると、米国はグローバル不動産透明度で世界３位となっています。ちなみに、日本は世界14位です。

　さらに、ハワイ州では、「エスクロー」といわれる公正公平な第三者機関（法人）が不動産売買に介在し安全性を高めているという背景もあります。

　日本国内の低金利や競争環境を嘆くのではなく、シニアリッチを含む富裕層のニーズをくみ取り、ハワイの不動産投資にも対応する円建てのローンを商品化した東京スター銀行の試みは高く評価できます。

【事例２】SBJ 銀行

　SBJ 銀行は、2019年３月から、日本保証と組んだ「海外不動産（ハワイ州ホノルル）購入ローン」を取り扱っています。

　貸出・返済は円建てになっており、契約は日本国内で行えます。対象となる人は個人で、資金使途は不動産購入資金、対象購入物件は原則としてホノルルのコンドミニアムに限定しています。融資期間は１年以上35年以内、融資金額は1,000万円以上２億円以内、金利は変動金利で年2.8％（保証料込み、2019年３月１日現在）といった特徴があります。

　なお、WEB でのローン仮審査申込みも可能となっています。

5

不動産関連ビジネスの 規制緩和と拡大の可能性

銀行は、シニアリッチに対して、不動産に関わる各種ローンを提供するだけでなく、相続・事業承継などに伴う不動産案件など、不動産関連ビジネスを強化しています。

　今後も少子高齢化や過疎化の影響で、空き家、所有者不明地、相続放棄地などが増えることが懸念されます。不動産仲介、賃貸経営、不動産管理、家賃債務保証、別荘分譲・管理といった分野で、異業種との連携や協働も含めて銀行の役割もビジネスも拡大するとみられます。

　ただし、第3章で述べたように、不動産売買などに関する業務は、現状、銀行では認められていません。銀行では、例えば、相続・事業承継に係る不動産仲介業務の緩和を毎年、金融規制当局に要望しています。

　仮に規制緩和が実現されれば、銀行が持つ、不動産に関する情報の蓄積とブランド力・信用力をさらに活かすことが可能となり、不動産関連のビジネスチャンスは大きく広がる可能性があります。不動産ビジネス部といった専門部署の立上げも検討されてくるはずです。

●不動産の専門家を育成することになる

　もっとも、不動産関連ビジネスに関わる規制緩和が実現したとしても、現在の銀行の人材のままでは、適正に対応できないでしょう。

　現状の銀行員の多くは、不動産の専門家ではありません。住宅ローンや、アパートローンであっても、行内で不動産物件の評価や分析が精緻

になされているわけでもなく、ましてや不動産に関する目利き力がある
わけでもありません。

　当然ながら、相続・事業承継の一環として、シニアリッチに不動産の
活用などをアドバイスする専門家としても不十分な状況です。

　今後、規制緩和が実現することになれば、不動産関連のビジネスチャ
ンスは大きく広がりことになり、銀行員が不動産の専門家として求めら
れる場面も増えるはずです。

　銀行では、シニアビジネス強化の一環として、不動産の専門家を育成
することも必要になってきています。

第7章

非金融サービスの
取組みと強化策

1

シニアの孤立を防ぐ
他業界のサービス

厚生労働省の「平成30年国民生活基本調査」によると、日本の65歳以上の人口の約5人に1人にあたる、683万人ほどが一人暮らしをしています。年々、65歳以上の人口が増えている中で、一人暮らしの人も増えているわけですが、その割合はだんだんと増加してきている状況です。

少子高齢化と過疎化の進展に伴って、社会的に孤立する単身高齢者が増え続けている状況が考えられます。

他者との会話の頻度が2週間に1回以下の人が、単身高齢男性の15%程度いる――。これは、2017年社会保障・人口問題基本調査「生活と支え合いに関する調査報告書」で報告された結果です。2週間、ほとんど誰とも話さない人が、こんなにも多いのです。

また、内閣府「平成26年度一人暮らし高齢者に関する意識調査」によると、「孤独死を身近に感じている」という単身高齢者の割合は44.5%と半数近くに達しています。

社会的に孤立する高齢者が多い上に、高齢者自身が孤独感を感じている現状は問題です。孤独は生活の質を低下させるだけでなく、寿命が縮まる可能性を高めるといわれています。

●シニアを対象とした見守りサービスを提供

単身高齢者の子供や親族は、離れて暮らす親の心身の健康状態、日常

142

生活での行動を心配し、不安に思っています。しかし、話をしたり、帰省したりできる頻度は、限られているのが現実です。

　こうした実情は、電気ポットと携帯電話により、離れて暮らす子供が単身高齢者の親の安否情報を確認できる「みまもりほっとライン」（象印マホービン）のような商品がヒットする要因となっています。

　高齢者を対象とした見守りサービスは、他にも「お元気訪問サービス」（セコム）、「高齢者見守り支援サービス」（ヤマト運輸）、「ヤクルト配達見守り訪問」（ヤクルト）、「みまもり訪問サービス」（日本郵便）といった大企業によるものだけでなく、IT ベンチャー企業やスタートアップ企業による、人感センサーやモニターカメラ、スマートフォンを活用したサービスなどが既に提供されています。

銀行が行う
シニア見守りサービス

銀行においては、既存の資産運用商品の利用を前提に、資産運用取引や信託、リバースモーゲージなどの付帯サービスとして、高齢者に対する見守りサービスを展開することが考えられます。利用条件として、年金受取指定や退職金振込を設定することも考えられます。あくまで、金融サービスの提供を主体とするのがポイントです。

例えば1,000万円以上といった一定金額以上のバランス型ファンドを長期保有するシニア顧客に対して、金融資産ポートフォリオや金融市場動向の説明と報告のため、月1回定期訪問を行います。

その際に、選択制の介護・医療サービスや、買い物代行などを、手数料を得る形で提供します。もちろん、なにげない世間話をしたり、近況を聞いたりすることも含めサービスとします。

FAなど担当者が、介護や福祉に関する知識や資格を持ちながら、資産運用アドバイス・提案ができれば、より魅力的なサービスとなるはずです。

金融商品を核とした見守りサービスの提供は、銀行のブランド力・信用力を生かしながら行う地域貢献にもなります。店舗統廃合やビジネスモデル転換で余剰となった人材活用策になるだけでなく、定期的かつ安定的な新たな収益源にもなります。

実際の取組みにおいては、業法上の問題や、外部機関との連携の問題、採算性の問題、そして行員によるサービスのクオリティー確保の問

題などはあるものの、我が国の社会情勢と、銀行における余剰人材の活用という側面からも、中長期的にも銀行が取り組むべきビジネスといえます。

●離れて暮らす家族にサービスを案内

もっとも、見守りサービスの提供により、行員の手間が増えて人件費が過剰になれば、コストセンターとなってしまいます。

そこで、資産運用提案力や介護資格を最大限に生かしたフェイストゥフェイスのサービスを有料で提供することが肝要です。最低でも月額1万円程度徴収できなければ採算ラインには乗りませんし、銀行として提供する意味合いもなくなります。採算割れや無料サービスとしないためにも、適正な対価を取り受けることが必要です。

手数料徴収へのハードルやマンパワーの問題から、当初はシニアリッチ向けに限定したサービスを展開することも考えられます。その場合、顧客対応力に長けたシニアリッチ専門のFAなど担当者を配置することがポイントです。

シニア顧客本人ではなく、離れて暮らす家族に対して、見守りサービスを案内することが効果的になります。シニア顧客本人に説明しても「そんなものはまだ不要だ」と嫌がるケースもあります。子供・孫などの不安を安心に変えるサービスです。

地方銀行で、東京に支店を持つ場合には、東京に住む子供が東京の支店に口座を持つことを条件として、見守りサービスを提供するとします。当該サービスの手数料を、子供の口座から引き落とすことにすれば、将来の相続資金の受け皿となる可能性もあります。見守りサービスをきっかけに、子供の預かり資産取引やローン取引などにつながる可能性も考えらます。

外部機関との連携をどうするかも、見守りサービスを成功させるポイ

ントになります。連携先として、警備会社や宅配業者、ネット通販企業、IT企業、コンビニエンスストア、ガス会社、電気事業者などの他、地方自治体が挙げられます。

●その他の非金融サービス

　近年、ハウスクリーニング業、家事代行業、カルチャーセンター、パソコン教室、料理教室、旅行業者、ホテル・旅館業、リゾートマンション、会員制リゾートクラブなどと提携することで、シニア向けサービスを拡充する動きも見受けられます。

　銀行による非金融サービスには、見守りサービスの他に、生活サポートサービス、介護支援サービス、家事代行サービス、終活支援サービスなどが実施されています。

【事例１】みずほ信託銀行

　みずほ信託銀行は、2017年８月より『特約選択型金銭信託「選べる安心信託」』を取り扱っています。

　この商品の特徴としては、資産保全や承継などの「金融サービス」と、提携企業による「生活サポートサービス」を合わせて提供することです。

　金融サービスについては、信託財産を元本保証で運用しながら、信託財産から顧客本人が資金を受け取ること、家族が資金を受け取ること、暦年贈与を行うこと、特殊詐欺の被害防止や認知症への備えのために解約制限を行うことを、必要に応じて選べます（図表１）。

　生活サポートサービスについては、介護・老人ホーム、見守り・警備、リフォーム、家事代行などのサービスを行う提携企業を優待条件で紹介します。生活サポートサービスのサービス料金は、信託財産から支払われます。

図表1　特約選択型金銭信託「選べる安心信託」

【金融サービス】

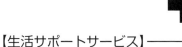

| 本人用受取 | 解約制限 | 暦年贈与 | 家族用受取 |

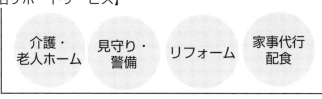

【生活サポートサービス】

| 介護・老人ホーム | 見守り・警備 | リフォーム | 家事代行配食 |

※「生活サポートサービス」は、本商品に付帯する景品として、みずほ信託銀行が提携する（株）JTBコミュニケーションデザインが各企業を紹介する

（出所）カンパニーレポート、マリブジャパン

【事例2】城南信用金庫

　城南信用金庫では、『高齢者向け総合サポートサービス「いつでも安心サポート」』を提供しています。

　サービスの内容は、「現金お届けサービス」「指定振込サービス」「代理人サービス」「見守り定期積金サービス」「リバースモーゲージサービス」「いつでも安心口座」などに加え、「暦年贈与預金」「城南遺言・家族信託契約書お預りサービス」「『公正証書遺言作成お手伝い』紹介サービス」「『遺言執行』紹介サービス」といった相続対策関連サービスもあります（図表2）。

　シニアのニーズに寄り添った多種多様なサービス展開といえる城南信用金庫の取組みです。

図表２ 「いつでも安心サポート」のサービス内容

現金お届けサービス／指定振込サービス／代理人サービス／見守り
定期積金サービス／リバースモゲージサービス／いつでも安心口座
／暦年贈与預金／家族信託預金・融資／城南遺言・家族信託契約書
お預りサービス／「公正証書遺言作成お手伝い」紹介サービス／「遺
言執行」紹介サービス／「任意後見制度」紹介サービス／「有料老
人ホーム」紹介サービス

（出所）カンパニーレポート、マリブジャパン

【事例３】広島銀行

　広島銀行では、口座保有者に対して、広島県全域などで、手数料・入
会手続き不要でパートナー企業が提供する非金融サービスを紹介する
「＜ひろぎん＞生活パートナーサービス」を展開しています。

　シニアに限ったサービスではありませんが、シニアへのサポートとし
て、見守りサービス、買い物や掃除の手伝い、バリアフリー対応のリフ
ォーム、高齢者向け住宅の紹介、墓参り代行・清掃サービス、空き家の
見守りを提供しています（図表３）。

　なお、パートナー企業への取次ぎは、住居の清掃・各種修繕が全体の
29％を占めており、引越し22％、不用品処分12％、庭木剪定・庭の除草
11％、リフォーム８％となっています。

【事例４】ウェルス・ファーゴ銀行

　アメリカの大手銀行であるウェルス・ファーゴ銀行は、1997年より、
エルダーサービスを提供しています。預かり金融資産100万ドル以上の
シニア顧客に対して、資産運用サービスだけでなく、病院への予約や納
税サポート、家事代行などを、必要に応じて実施しています。

　手数料は、預かり金融資産の２％を基本にしており、預かり金融資産

図表3　〈ひろぎん〉生活パートナーサービスの内容

利用対象者	口座保有者
手数料	不要
入会手続き	不要
サポート内容	**高齢者に対するサポート** 高齢者の見守り／買い物や掃除の手伝い／手すりの設置・段差解消のためのリフォーム／高齢者向け住宅の紹介／墓参りの代行や清掃のサービス／空家の見守り **相続や不動産に関するサポート** 不動産売却／不動産活用／相続対策 **住居に関するサポート** 住居のクリーニング／リフォームや外溝工事／屋根や外壁の修理／キッチンや風呂など水回りの修理／ドアやサッシ窓など建具の修繕／ふすまや網戸の張り替え／電気や照明の修理／畳の表替えや障子の張り替え／鍵の付け替えや修理／ハチやシロアリなどの害虫駆除／引越し／庭木の剪定や庭の除草／防犯や防災機器の取付け／ホームセキュリティ **生活のサポート** 不用品の処分／家事代行／遺品整理／美術品や骨とう品の買取り・廃車の買取り
運営	「ひろしま信愛不動産」子会社の「ひろしま生活パートナー」が実施。広島銀行と提携関係

（出所）カンパニーレポート、マリブジャパン

が大きくなればなるほど、その分手数料率は低くなります。

　現在、エルダーサービスを発展させる形で、プライベートバンク部門において「ライフマネジメントサービス」をシニアリッチや富裕層向けに提供しています。これは、ヘルスケアサービスを中心としたサービスで、家族、代理人、医者、介護者などと連携する形で行っています。

単身シニア向け終活支援
サービスの検討と展開

シニアビジネスにおける新しい非金融サービスとしては、単身シニア向け終活支援サービスが挙げられます。

単身シニア向け終活支援サービスは、預金口座を保有し、頼れる親族がいないといった条件の下、契約を締結します。収益事業とするため、有料とします。

銀行においてシニア向けのパッケージ商品や有料会員クラブなどがある場合には、そうしたサービスのオプションの1つとして提供することも考えられます。

●葬儀と納骨がサービスの柱になる

単身シニア向け終活支援サービスの柱となるのは、葬儀と納骨です。葬儀については、契約者本人がどのような葬儀を行うかをあらかじめ決めておき、銀行が提携する葬儀会社と生前契約（前払い）を結ぶことが考えられます。納骨では、墓苑を持つのか、遺骨を海上散布するのかといった点を事前に決めます。

エンディングノートの作成を支援することも考えられます。銀行において、緊急連絡先、延命治療の要否、遺言がある場合の保管場所、墓の所在地などを記録しておくサービスも考えられます。

その他、死後の友人・知人への連絡、運転免許証や健康保険証等の返納手続き、賃貸契約住居の処理、預金口座解約、財産の寄付・送金・処

分など、顧客の希望に応じながら、様々なサービスを提供します。

　銀行によっては、サービス内容の一部は、既存の遺言や信託商品のサービスと重なるかもしれません。

　こうしたサービスは、死という人生のフィナーレを迎える際に、本人がもはやタッチできない手続きを、銀行が担うことを意味します。まさに、銀行が持つ信用力・ブランド力・人材を活かすサービスとなるはずです。

　もっとも、地方自治体や NPO などで、同じようなサービスを無料または安価にて展開しています。しかし、サービス内容が十分でないこともあるため、銀行が顧客ニーズをくんだサービスを提供できれば、一定水準以上の手数料を得ながら利用される可能性は十分にあるとみています。

4

高齢者が元気で
長生きするための取組み

高齢化が進む中、金融機関が地元の高齢者が元気に活躍できる地域を作るための取組みを実施することも重要といえます。

【事例】秋田銀行

　秋田銀行は、高齢化の進展に真正面から向き合うべく、様々な取組みを進めています。

・あきぎん長活き学校

　秋田銀行は、「あきぎんエイジフレンドリーバンク宣言－長活きする秋田へ－」に基づいて、年齢を重ねても活き活きと元気に活躍する高齢者を増加させることを目指して、「長活き」をコンセプトとした「あきぎん長活き学校」を開催しています。これは、学びを通じて高齢者の積極的な社会参加を促進する学校です。

　あきぎん長活き学校では、地域の長活きシニアが登壇して自身の長活きの秘訣を伝えるなどといった講義を、月1回程度のペースで実施しています。2019年3月末時点で、登録している学生数は約800名、延べ参加者数は3,000名を超えています。

・秋田プラチナタウン研究会

　秋田銀行では、秋田版CCRC（生涯活躍するまち）の実現に向けて、秋田プラチナタウン研究会を運営しています。会員数は、取引先企業、自治体、学校機関など85機関です（2018年3月末時点）。

　米国で普及するCCRCを参考としながら、高齢者に配慮したまちづくり、社会インフラが整備された魅力あるまちづくりの可能性を検討し、実行に結びつけることで、秋田県における人口減少、少子高齢化の諸問題の解決を図る「プラチナタウン構想」の実現を目指しています。

　秋田駅前でのCCRC事業では、スポーツを切り口とした健康増進と多世代交流の促進をテーマに、JR東日本とともに秋田駅周辺エリアを開発し、スポーツ整形クリニックの建設やバスケットボールコートを中心としたアリーナ施設の整備を進めています。

●役職員とその家族の健康増進に取り組む

・リビングラボプロジェクト

　秋田銀行は、秋田ケーブルテレビおよび秋田魁新報社とともに、株式会社ALL-Aを設立し、民間事業者と高齢者が新たな価値を共創するリビングラボプロジェクトを開始しています。

　リビングラボとは、事業者のプロダクト・サービス開発のプロセスにエンドユーザーを参画させる拠点を意味します。リビングラボプロジェクトでは、高齢社会における課題解決を目指す民間事業者によるイノベーションを支援するほか、高齢者の社会参加の継続と生涯活躍の機会を創出することで、エイジフレンドリーシティ（高齢者に優しい都市）の実現を目指すとしています。

・あきぎん"長活き"健康宣言

　秋田銀行は、「あきぎん"長活き"健康宣言」を制定しています。自行の役職員の健康を重要な経営資源として捉え、組織活力および生産性の向上に向けて、病気予防の強化、メンタルヘルスの推進、子育て支援など、役職員とその家族の健康増進や働きやすい職場づくりへの取組みを推進しています。

第8章

シニアリッチに
愛される店舗づくり

1

次世代型店舗の導入と
業務効率化の取組み

　顧客の多様化や来店客数の減少を受けて、銀行では、地域特性や顧客ニーズに合わせて店舗機能の見直しや店舗削減を進めています。

　多くの銀行では、従来型のフルバンキングを基本とした、空中店舗やブランチインブランチ（店舗内店舗）の配置を進めています。

　また、デジタル化やシステム化を通じて、生産性向上と顧客利便性の確保を両立する、次世代型店舗の導入も積極的に進めています。店舗形態としては、軽量型店舗や業務特化型店舗などが多くみられます。

　次世代型店舗では、IT の積極的な活用により業務の効率化を図り、手続きにかかる時間や行員の負担を軽減しています。これにより、顧客に対してより質の高い相談・コンサルティングを提供することが可能となっています。

　一方で、銀行によるインターネット支店の開設やスマホアプリによるサービス提供も急速に広がってきています。

【事例】 京葉銀行

　京葉銀行では、2019年3月時点で、個人の預金は3兆5,818億円あり、個人の預金比率は78.5％を占めています。このうち、60歳以上の預金残高割合は、66％（2.3兆円）に達しています。また、年金受取先の口座数は22.8万口座あり、その預金残高は1兆2,681億円になります。

主力であるシニア顧客を念頭に、安全性と利便性に配慮した5つのコンセプトとして①365日利用可能な全自動貸金庫の設置、②多機能なATMの設置、③個別ブースの相談コーナーの設置、④バリアフリー対応、⑤使いやすい店舗前面の駐車場を掲げてきました。

●リモートテラーシステムで相続相談を実施

京葉銀行は、次世代型店舗の導入についても、フロントランナーとして積極的に行ってきています。

2017年12月に新装開店した千葉市のこてはし台支店では、⑦認証ボックス、④タブレットによる保険・投資信託手続き、⑦全自動金庫、④リモートテラーシステムを導入しました。

⑦認証ボックス…指静脈認証（または暗証番号）とICキャッシュカードで本人確認を実施することができ、印鑑が不要

④タブレットによる保険・投資信託手続き…申込みから契約までの手続きが、タブレットの画面上での確認や電子サインで完結できる。ペーパーレスと印鑑レスを実現

⑦全自動貸金庫…指静脈認証と専用カードで貸金庫の利用が可能

④リモートテラーシステム…モニターを通して、顧客は本部相談員と直接面談。相続相談や専門性の高いコンサルティング業務を実施

●タブレット端末を勘定系システムと連携

2018年1月に新築移転した幕張支店では、対話型カウンターを初めて導入しています。

対話型カウンターでは、行員と顧客双方でモニターを確認しながら、普通預金の新規口座開設、キャッシュカード発行などを実施しています。伝票などを記入しないため、ペーパーレス化を実現しています。

基本的な事項を行員が入力し、最終的に顧客が確認・承認する形で手

続きが完結するため、顧客にとっても行員にとっても手続きの負担が軽減されました。その分、顧客はゆっくりと相談できることになります。

　2019年10月に新築移転した鎌ケ谷支店では、新たなシステムを試行しています。タブレットなどの端末を勘定系システムと連携させることで、窓口などの専用端末でしかできなかった処理を、場所を選ばず、顧客と面談しながら完結できるようになっています。

　京葉銀行では、こうした次世代型店舗において、手続きにかかる時間や負担を軽減することで、シニアリッチ向けの資産運用提案など、質の高いコンサルティングを提供しています。

　なお、京葉銀行は、次世代勘定系システムの導入なども積極的に行っており、2018年度の設備投資総額は33億円となっています。

2

メガ店舗化という
選択もある

銀行の有人店舗のあり方として軽量店舗化ではなく、あらゆる業務に対応し、対面での相談が受けられる、フルバンキング店舗の機能に加え、共同店舗の機能を持ったメガ店舗化を推し進める選択もあります（図表1）。

　店舗の構成は、例えば、1階に証券子会社や保険代理店の窓口、銀行の窓口、ATM、貸金庫に加え、ショールーム機能として、最新アプリ

図表1　メガ店舗＝フルバンキング＋共同店舗（イメージ）

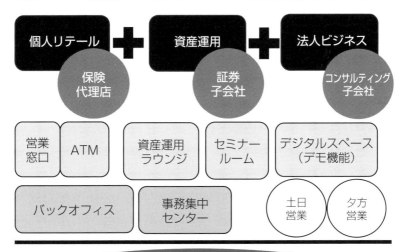

（出所）カンパニーレポート、マリブジャパン

図表２　シニアリッチ・富裕層向けラウンジの提供機能の例

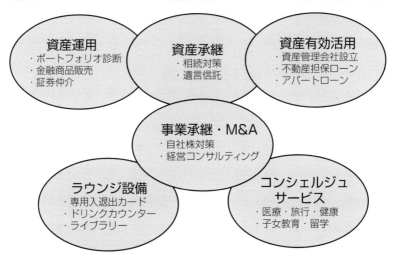

（出所）カンパニーレポート、マリブジャパン

や VR デモ機や、ロボアドバイザーによる診断機能などが体験できるデジタルスペースを設けます。

　２階には、シニアリッチ・富裕層向けラウンジをメインとし、面談スペースやセミナールーム、コンシェルジュ・カウンターなどを揃えます。シニアビジネスにおいては、面談スペースの確保は重要です。資産運用をはじめ、資産承継、事業承継、資産有効活用の相談にじっくりと取り組める設備の重要性は増しています（図表２）。

　３階には、法人営業部門に加え、営業員用の休憩室、事務処理センターなどのバックオフィスを設けます。

　業務におけるプロフィットセンターとコストセンターを明確にしたうえで、前者は快適でゆとりのあるスペースをとり、後者はデジタル化や事務集中化などによりコンパクト化を図ることになります。

　メガ店舗が目指すのは、顧客が車で１時間かけてでも行きたい店舗、電車を乗り継いででも行きたい店舗です。ショールームとしての意味合

いを持ち、また対面営業を求めるシニアリッチが期待するあらゆるニーズに応える機能を構築するのです。

　もっとも、メガ店舗は、メガバンクでも東京に 5 店舗、国内全体で10店舗もあれば十分かもしれません。地方銀行であれば、メガ店舗は本店のみでもいいかもしれません。

　なお、メガ店舗の設置に併用する形で、移動店舗車の活用、送迎サービスの実施、銀行代理店の導入なども考えられます。

【事例 1 】アップル

　メガ店舗の理想形として、アップルの取組みが挙げられます。

　日本においては、2019年 9 月に東京・丸の内にオープンした日本最大規模のアップル直営店をはじめ、新宿、銀座、渋谷、表参道、川崎、名古屋、京都、心斎橋、福岡の10ヵ所にアップル直営店はあります。これら10店舗のうち半数の 5 店舗が東京です。

　アップルにおけるメガ店舗であるアップル直営店には、日本国内の顧客だけではなく、訪日客も集まり、多くの店舗では、平日でも入場制限があるくらいです。

　これらの店舗では、商品を購入することはもちろん、様々なワークショップやイベントに参加もできます。

　商品知識が豊富でコミュニケーション能力に長けた様々な国籍のスタッフが常駐しています。商品の説明や実演、修理対応、他のデバイスとの接続法の説明、写真や画像の活用法などのアドバイスを対面で行っています。

●アップルは銀行の先駆事例

　アップル直営店は、まさにメガ店舗であり、かつフラッグシップ店舗です。ショールームの機能を持ち、対面でのコンサルティングも可能で

あり、ラウンジ機能もあり、なにより商品販売を通じた一大収益拠点です。

　日本には、アップル直営店の他、ビックカメラやヨドバシカメラといった家電量販店がアップルの代理店となっています。また、ソフトバンクやNTTドコモなど携帯キャリアショップや、携帯電話販売代理店でも、アップルの商品を購入することができます。

　インターネットを通じた直接購入も可能です。アップル・ドットコムに加え、代理店である家電量販店や携帯キャリアショップのサイトからも購入が可能であり、基本的にはどこで購入しても同じ価格です。

　このようなアップルの展開は、銀行が目指すべき店舗の先駆事例といえるのではないでしょうか。

　ブランド力や商品の魅力に大きな違いはありますが、信用力に関しては、我が国の銀行は決して引けを取りません。銀行の店舗のあり方については、規制緩和の動きはあるものの、できないことも多くあります。しかし、その中でも、止めること、変えることはあるはずです。

【事例２】池田泉州銀行

　池田泉州銀行では、専任のプライベートバンカーがシニアリッチや富裕層などの相談に応じる、プライベートバンキングサロンを本店内に設置しています。

　専用のレセプションルームや、ミーティングルーム、セミナールームを配置しています。顧客が安心してゆっくりと相談できるスペース設計がなされています。

　専任のプライベートバンカーは、実務経験豊富な行員から登用されています。具体的には、以下の商品・サービスを提供しています。

①資産承継…税理士などとのネットワークも活用し、円滑な相続を実現するための提案を行う

②事業承継・M&A…公認会計士、税理士、弁護士などとのネットワークも活用し、会社存続の基礎となる後継者対策や自社株対策などについて、タイムリーな情報提供、適切なアドバイスを通じて、サポートする

③経営戦略…複数企業での合併や提携による規模拡大、企業再編、新規事業への進出といったニーズに対して、最適な提案を行う

●幅広いファイナンススキームなどを提供

④資金運用…個別の金融商品についての分析・診断サービスや、保有金融資産のポートフォリオ分析・診断などを行う

⑤資金調達…シンジケートローン、PFI、私募債発行、金銭債権流動化なども含めた幅広いファイナンススキームを提供

⑥資産有効活用…顧客の将来設計を踏まえ、池田泉州銀行独自のノウハウ・情報・豊富なネットワークを活かし、総合的な視点から提案

⑦コンシェルジュサービス…関連会社の自然総研により、旅行、健康、教養、教育などの様々なサービスを提供。法人向けの研修・人材育成・コンサルティングサービスも実施

　池田泉州銀行では、弁護士や公認会計士、税理士などの専門家と提携することで、より専門性の高いコンサルティングを実現しています。

3

シニアに合わせた営業時間を検討する

現役世代をターゲットに、営業時間を延長したり、土日もオープンしたりする、銀行の店舗は増えています。一方、シニアに着眼した営業形態をしている店舗はあるでしょうか。

シニアの多くは、早起きです。早朝から活動するライフスタイルのシニアリッチも多くいます。「早起きは三文の徳」のとおり、早起きの効用は語るまでもありません。

ところが、早起きして午前中に金融機関の店舗で大事な用事を済ませてしまおうと思っても、上手くいかないことも少なくありません。シニアからすれば、企業も店舗も基本「遅起き」だからです。例えば、銀行の店舗は午前９時、銀座の百貨店は午前10時30分、お台場のショッピングモールに至っては午前11時の開店です。

銀行がシニアビジネスに本格的に取り組むのであれば、シニアの生活リズムに合わせて開店時間を午前７時に早めるのはどうでしょう。午前７時に開店すれば、立派な相談ブースやラウンジがガラガラということは解消されるかもしれません。

シニアだけではなく、若年層のニーズも掘り起こせるはずです。最近は、朝活が盛んです。出勤前の時間帯に、キャリア形成や英会話などの勉強会があるように、銀行のラウンジで朝早くから資産運用の相談会や金融の勉強会を行ってもよいのではないでしょうか。

デジタル化により、銀行の店舗や行員の存在意義が問われる中、行員

の出勤時間を見直すことで、シニアリッチへの資産運用相談など朝の時間を有効活用することが可能となります。

●首都圏などでの通勤ラッシュの緩和に

　銀行は、為替ディーラーやアナリストなどは海外との時差の影響もあり、早朝勤務は珍しくありません。他業界では、朝型勤務制度を導入した伊藤忠商事の先駆事例もあります。

　例えば、朝早くから仕事をして、その分仕事を早く切り上げ、夜の時間は家族や友人とまたは気の合う仲間と有意義に使う。仲間との時間に限らず自己啓発の時間も大切にする行員にとっても、仕事後の時間は貴重なはずです。

　また、早朝出勤により、行員の通勤時間をずらすことで、首都圏などでの通勤ラッシュの緩和にもなります。インバウンド戦略の1つとして、経済産業省などがナイトタイムエコノミーを提唱していますが、これに対抗して、「早朝経済のススメ」を金融業界・金融庁主導で打ち出してはどうでしょうか。

4

店舗の廃止と
営業事務所への転換

今後、デジタル化の進展により銀行の店舗と人材のダウンサイジングは急速に進むものの、対面サービスの価値そのものがなくなるわけではありません。銀行も店舗で顧客を待つばかりではなく、積極的に顧客のところまで足を運ぶべきではないでしょうか。

シニアリッチに対するコンサルティング業務を全面に打ち出すのであれば、訪問営業は有力な手段のはずです。他業界で見れば、保険会社は、支社（営業所）と保険外交員を基本とした営業スタイルです。三越や大丸など百貨店における外商も訪問営業を基本としています。

もっとも、取引がある顧客全てを訪問活動で対応するのは無理な話です。マスリテールはインターネットによる対応、シニアリッチに対しては訪問営業となれば、店舗は不要となります。

●営業事務所は好立地にする必要はない

店舗を廃止して、訪問営業の担当者の拠点となる営業事務所を設置することも考えられます。営業事務所は、IFAやコンサルタントといった外部の専門家の拠点としても併用できます。有料の見守りサービスや訪問介護のための拠点としても併用できるでしょう。

所長も訪問営業を担当し、事務スタッフは置かないのがポイントです。現金取扱いもなく、ATMも設置しません。

顧客の利便性を考えて好立地にする必要もなく、デジタル化と合わせ

ることで営業担当者の働き方も大幅に改善されるはずです。

　メガバンクの法人営業所や、コンコルディア FG のプライベートバンキングオフィス、SMBC のサテライトオフィスなど、既に営業事務所化した店舗例はあり、今後も銀行において営業事務所化は進むことが見込まれます。

　現実問題として、店舗の統廃合がすぐには困難な場合、既存店舗をシニアリッチ向け FA など営業担当者のための営業事務所に作り変えることもできるはずです。

　また、既存店舗を少人数運営のサテライト店にすれば、地域の店舗ネットワークを維持できます。リモートモニターなどを活用して業務機能を維持することもできます。

銀行代理業の活用と
期待できる効果

銀行代理業とは、銀行の委託を受けて、銀行の代わりに預金の受入れや貸出、為替などの業務を行うことをいいます。銀行法に規定された銀行代理業制度に基づいた仕組みです。

この制度を銀行が利用することで、収支が見合わない地域で顧客基盤を築いたり、店舗を廃止しても取引を維持したりしやすくなります。銀行から委託を受けた銀行代理業者は、預金やローンなどを取り次いで手数料を得ることができます。

業務の委託先の第一の候補は、やはり郵便局ではないでしょうか。特に、過疎地を抱える地方銀行にとって、郵便局を銀行代理店として、活用することで、地域ネットワークを維持できる点は魅力です。

2019年11月、日本郵政と南都銀行は連携協定を結び、銀行店舗がない地域の郵便局に共同窓口を設置し、局内に同行の ATM も置くとしています。

もっとも、取扱商品で競合する郵便局側にも選択権はあります。地域のインフラとして機能する郵便局は引く手あまたです。郵便局が銀行代理店となるか否かは、条件次第となります。

委託先の第二の候補は、コンビニエンスストアです。郵便局と同様に、コンビニも引く手あまたです。一方で、コンビニ自体、24時間営業に伴う弊害や店舗の飽和、ドラッグストアの台頭などに直面しており、激しい生存競争下にあります。コンビニも銀行代理店となって銀行店舗

の代替機能を果たすか否かは、条件次第となります。

　その他の候補としては、スーパーマーケット、百貨店、ドラッグストア、ケアハウス、ガソリンスタンド、役場、大学、保険営業所、旅行代理店、ショッピングセンター、携帯販売店、病院、宅配ステーション、フィットネスジム、美容院、自動車ディーラー、スポーツセンターなどが挙げられます。

●ビル型の墓地や納骨堂を営む事業者との提携

　シニアビジネス強化の一環として、銀行代理店の候補に関する奇抜なアイデアがあります。それは、銀行と墓地や納骨堂との合体です。

　過疎化や少子高齢化が進む中、空き家問題と同じように、墓を引き継ぐ者や管理する者がなく、放置されるケースが増えています。

　こうした背景もあり、都市部では、ビル型の墓地や納骨堂が新設されており、増加しています。一般に、マンション型墓地、自動搬送式納骨堂、タワー型納骨堂、屋内陵墓といった名称で呼ばれているものです。都市部において増えているのは、それだけニーズがある証左といえます。

　こうした墓地等を営む事業者を銀行代理店とするとして、墓地などに併設する形で、銀行の貸金庫や相続・資産運用の相談ラウンジを設けます（図表３）。または、銀行店舗が同居する形も考えられます。納骨堂内に抵抗感があれば、隣接する敷地や空き店舗に銀行店舗を立地させる形とすることもできます。

　葬儀社・葬祭会館・仏壇仏具店などとの共同店舗や、相続業務における連携・協働も考えられます。

●墓地併設の貸金庫を作る

　ビル型の墓地や納骨堂では、実印や証書などを収納できる簡易スペー

図表3　墓地等における銀行代理店の併設例

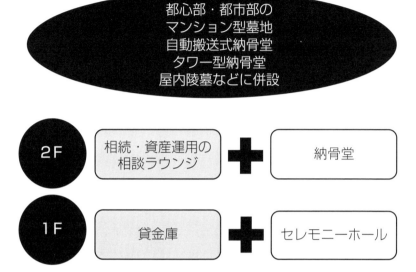

(出所）マリブジャパン

スがあり、活用する人が多くいます。とはいえ、やはり、銀行の貸金庫
の信用力にはかなわないといいます。

　そこで、ビル型の墓地や納骨堂に銀行の貸金庫を併設して、故人や遺
族の貴重品や記念品を収納してもらうようにします。墓地などを利用す
るシニアリッチに対して、プレミアム感のあるブランディングや手数料
設定を行います。見守りサービスや資産運用商品とパッケージ化して提
供することも考えられます。

　家族・親戚一同での墓参りに合わせて、併設された銀行の貸金庫を利
用したり、コンサルティング・ラウンジで相続や資産運用の相談を受け
たりするのは理にかなっているでしょう。

　銀行の信用力と機能とともに、銀行代理業制度を活かして、シニアリ
ッチ向けにできる有料サービスはまだまだあるはずです。

6

移動店舗車による
地域ネットワークの維持

加齢に伴って身体が衰えると、銀行の店舗を訪問したり、取引や相談が難しくなるおそれがあります。そこで、過疎地を抱え、店舗空白地帯がある地方銀行や信用金庫、JA バンクなどでは、移動店舗車を活用することで、金融商品・サービスの提供を行っています。高齢化が進む中で、移動店舗車の活用はさらに広がる可能性があります。

移動店舗車は、銀行窓口機能と ATM を備えた車両です。

大規模災害で被災した地域、過疎などで店舗が空白となっている地域など、これまでは金融サービスの提供が困難であった地域での営業を主な目的としていました。

2011年の東日本大震災以降は、災害時の臨時店舗や、少子高齢化に伴う過疎化による店舗統廃合の代替としての導入事例が増えています。

ATM 1台と窓口業務に必要な営業店機器を搭載した移動店舗車により、地方銀行などは、交通が不便な地域や、管轄本支店から距離がある地域での営業活動を行うことで、店舗ネットワークの補完として活用することができます。

●地方銀行で導入が広がる

移動店舗車は、地方銀行では、大垣共立銀行やスルガ銀行が先駆けであり、その後、静岡銀行、常陽銀行など多くの銀行が過疎地や店舗空白地のシニア層を中心とした顧客への対応として展開しています。東邦銀

図表4　地方銀行の主な移動店舗車

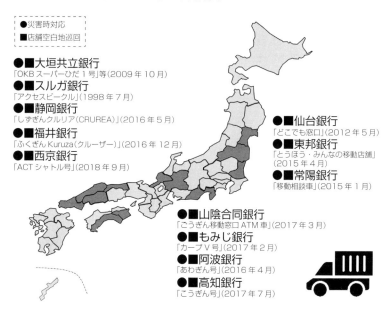

●災害時対応
■店舗空白地巡回

●■大垣共立銀行
「OKB スーパーひだ1号」等(2009年10月)
●■スルガ銀行
「アクセスビークル」(1998年7月)
●■静岡銀行
「しずぎんクルリア(CRUREA)」(2016年5月)
●■福井銀行
「ふくぎん Kuruza(クルーザー)」(2016年12月)
●■西京銀行
「ACT シャトル号」(2018年9月)

●■仙台銀行
「どこでも窓口」(2012年5月)
●■東邦銀行
「とうほう・みんなの移動店舗」
(2015年4月)
●■常陽銀行
「移動相談車」(2015年1月)

●■山陰合同銀行
「ごうぎん移動窓口 ATM 車」(2017年3月)
●■もみじ銀行
「カーブV号」(2017年2月)
●■阿波銀行
「あわぎん号」(2016年4月)
●■高知銀行
「こうぎん号」(2017年7月)

（出所）カンパニーレポート、マリブジャパン

行や仙台銀行、肥後銀行のように、東日本大震災や熊本地震を受けて、災害時の臨時店舗としても活用する銀行もあります（図表4）。

　銀行などの店舗の営業時間を地域の実情に応じて変更できるよう銀行法施行規則が改正されたことで、原則として午前9時から午後3時の営業時間を、「午前中のみ」や「昼休みは休業」などと柔軟に設定できるようになっています。過疎化で利用者が減少する地方の店舗網を維持することが狙いの1つであるといわれています。

　離島や山間部など利用者の少ない店舗を抱える地域金融機関は、店舗維持にかかる費用負担が重いため、店舗統廃合を余儀なくされています。営業時間が柔軟に変更できれば、過疎地の店舗廃止に歯止めがかかるというもくろみです。

　店舗の営業時間の短縮に、移動店舗車の活用を組み合わせることで、

採算性をとりながら、地域ネットワークの維持とともに、シニアを主体
とした顧客へのサービスの維持も可能となります。

【事例】 大垣共立銀行

　2000年4月、大垣共立銀行は、全国の金融機関で初めて移動店舗車を
導入し、移動店舗「ひだ1号」として巡回営業を開始しました。2009年
10月には、「ひだ1号」をリニューアルし、利便性と快適性を大幅に向上
させた「OKBスーパーひだ1号」による巡回営業を開始しています。

　「OKBスーパーひだ1号」は、店舗網がなく、シニアが多い、岐阜県の
県北、面積日本一の高山市の1ヵ所、温泉で有名な下呂市の2ヵ所、飛
騨市の1ヵ所で、飛騨地区内の合計4ヵ所を1週間かけて定期巡回して
います。

　「OKBスーパーひだ1号」は、400kgのATMや各種電子機器を搭載し
ていますが、悪路の走行に耐え得る装備となっています。出入口にリフ
トを備えるなど、シニアなど顧客が安全に乗降できるようバリアフリー
化しており、また発電機や通信衛星によるバックアップ設備を整え、非
常時でも対応できるようになっている、先進的な車輌でもあります。

　午前10時から午後4時まで営業し、預金やローンの申込みなど窓口・
相談業務と、ATMによる業務を中心に、通常の店舗と変わりないサー
ビスを提供しています。

　今後は例えば、事前予約制で、シニア向けに投資信託や保険など金融
商品を取り扱うことも考えられます。

●災害時に活躍できる移動店舗車も

　大垣共立銀行では、「OKBスーパーひだ1号」以外にも、移動店舗車
を3台保有しています。

　「OKBレスキュー号」は、災害時に生活をサポートする移動店舗車で

す。災害時に被災した顧客が少しでも安心できるように、衛星通信を利用した ATM のほか、AED や携帯電話の充電器などを装備しています。

「OKB スーパーフロンティア号」は、どこへでも行く移動銀行代理店です。平日・土日・祝休日を問わず、地域や顧客のニーズに合わせてどこへでも行く移動店舗車です。愛知県東三河地区の商業施設を定期的に巡回営業するほか、イベント会場などにも出張しています。

「OKB サザンウィンド」は、狭い場所でも営業できる小型移動店舗車です。コンビニエンスストアのほか、スペースの限られた場所など、地域や顧客のニーズに合わせてどこへでも出張営業しています。東海地区のファミリーマートを中心に出張営業を展開中であり、コンビニエンスストアで銀行の移動店舗車が営業するのは、全国初の取組みです。

　なお、大垣共立銀行では、2012 年 9 月より、「災害時には身体ひとつで避難してもらいたい」との思いから、キャッシュカードや通帳がなくても、手のひらだけで取引できる「手のひら認証 ATM ピピット」を全国で初めて導入しています。

　2017 年には、印鑑なしで口座開設でき、その後の窓口取引や ATM 取引を手のひら認証で利用できる届出印不要の預金口座「手のひら口座」も導入しています。

　特に災害時には、こうした手のひら認証サービスが、「OKB レスキュー号」など移動店舗車とともに、地域住民に役立つことになります。

第9章

東京拠点を
有効活用・拡充する利点

東京個人営業部の設置と
シニアビジネス強化

　東京都の「東京都区市町村別人口の予測」によると、都心3区（千代田、中央、港）の人口は、2015年の44.2万人から、2040年には63.5万人と約4割も増えると予測されています。

　大規模再開発が進む渋谷区も2040年まで人口は増加し、新宿区は2035年まで人口が増加すると予測されています。これら都心5区（千代田、中央、港、渋谷、新宿）では、2015年の100.0万人から2040年には122.2万人と2割以上増えるとされています。

　一方、平均世帯年収（市町村別の納税義務者数を課税対象所得で除した数値）は、港区1,150万円、千代田区944万円、渋谷区801万円などと、軒並み全国平均の334万円を大きく上回っており（総務省、2017年度）、シニアリッチを含む高額所得者が集中するエリアといえます。

　こうした層をターゲットにした、いわゆる億ションが林立し続けており、例えばパークコート赤坂檜町ザタワーやパークコート青山ザタワーでは、最高10億円から15億円といったペントハウスが売れています。

　もちろん、都心5区には、グローバルな上場企業や外資系企業だけでなく、成長性の高い中堅・中小企業やスタートアップが集積する日本最大の法人マーケットでもあります。

●地方銀行には収益チャンスである東京マーケット

　東京のマーケット規模は、金融ジャーナル社によれば、預貯金で335

図表１　大手信託銀行の東京都23区内の店舗

●三菱UFJ信託銀行　12ヵ所
▲三井住友信託銀行　　9ヵ所

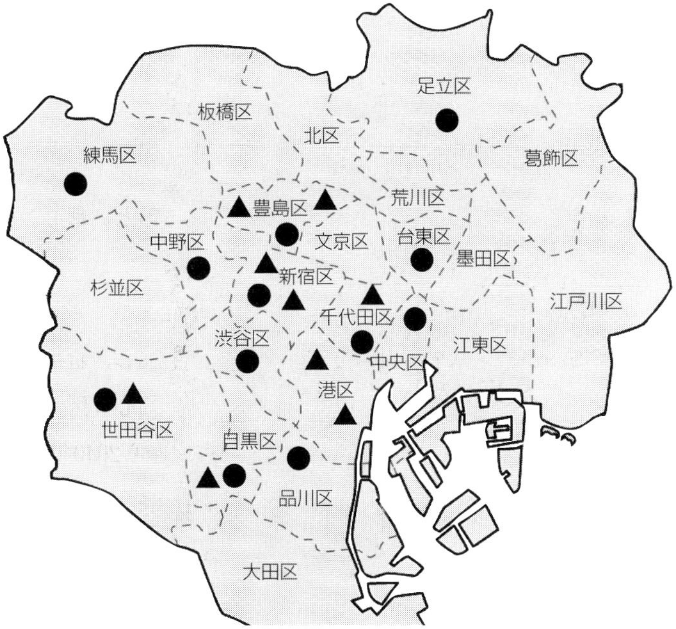

（出所）カンパニーレポート、マリブジャパン

兆円、貸出金で233兆円ととてつもなく巨大です（2019年３月末時点）。無論、メガバンクなど大手行が預金・貸出金ともに８割近くのシェアを持ち、圧倒的ではあります。

しかし、シニアリッチをはじめとした個人向けビジネスや、中小企業向けビジネスでは、その他の金融機関にもチャンスがあるとみています。例えば、平均世帯年収1,150万円の港区の場合、シニアや富裕層に強いイメージのある三菱 UFJ 信託銀行の店舗はゼロです。三井住友信託銀行も芝営業本部の１店舗のみです（図表１）。

同じく、シニアや富裕層に強いイメージのある野村証券の港区内の店舗は、虎ノ門、新橋、品川駅前の３店舗です。しかも、法人取引主体の

店舗です。富裕層への営業は、本部のプライベートバンキング部門などが担っています。

　シニアや富裕層や個人ビジネスを得意とする、これら大手金融機関の都心の店舗網は、マーケット規模に対して驚くほど脆弱といえないでしょうか。

　さすがに、マスリテールも手掛けるメガバンクの店舗網は、都心でも圧倒的な数になりますが、全ての顧客をカバーしているわけではありません。特に、シニアリッチへの資産運用ビジネスなどは狙い目かもしれません。

　メガバンクグループは、傘下に商業銀行だけでなく、証券会社や資産運用会社、海外子銀行などを抱え、規模も業務範囲も巨大です。全方位的で「バランスのとれた」経営といえます。

　本来であれば、都内のシニアビジネスにメガバンクのブランド力と人材を集中投下することで、もっと収益化することができるはずです。しかし、必ずしも十分な状態とはいえません。

　メガバンクを含む大手金融機関が、シニアビジネスにおいて東京マーケットをフォローしきれていないのであれば、むしろ地方銀行などには、収益チャンスとなります。

●立地の良い場所にあるものの…

　実際、地方銀行の東京進出は増加しています。

　武蔵野銀行では、2018年6月、渋谷区の渋谷オフィスを渋谷支店に昇格し、港区には千葉銀行との共同営業拠点である浜松町オフィスを開設しています。

　千葉銀行は、都内に13店舗（2020年3月時点）設置しており、そのうち、都心5区（千代田、中央、港、渋谷、新宿）には、それぞれ1店舗の計5店舗あります。

　都心５区にとどまらず、京葉銀行の東陽町支店（江東区）、横浜銀行の錦糸町支店（墨田区）、横浜銀行と東日本銀行共同の八幡山支店（杉並区）、足利銀行の王子支店（北区）など、関東の地方銀行を中心に東京23区への進出が加速しています。

　関東以外の地方銀行でも、例えば、徳島大正銀行は、2019年２月、都内４店舗目の池袋支店を開設しています。

　地銀102行のうち、大部分の約90行が東京に拠点を持っています。拠点には、営業機能を持つ東京営業部や東京支店のほか、情報収集などの業務をメインに行う東京事務所などがあります。

　また、都内に複数の支店を持つ地方銀行は、20行を超えています。

　筆者は、地方銀行の東京支店や東京事務所などの多くに訪問した経験がありますが、横浜銀行東京支店など一部を除けば、規模は大きいとはいえません。空中店舗であることも多く、老朽化していたりと、お世辞にも綺麗とはいえない店舗も多いのが実情です。

　一方で、都心の良い場所に立地することが多いのも特徴です。日本橋界隈を中心に、京橋、八重洲、丸の内、銀座など、東京駅と日本銀行を起点とした一等地に集中しています。

●「東京個人営業部」を設ける

　こうした東京営業部や東京支店などでは、大企業向け貸出やシンジケートローン、ストラクチャードファイナンス、市場運用など、いわゆる「法人営業」が中核業務となっています。東京事務所などは、金融規制や業界情報収集が中心業務となっています。

　副都心の新宿や渋谷、城南地区などの支店の多くでは、中堅・中小企業向け貸出の増強を主要業務としており、やはり法人向けビジネスが中核業務となっています。

　しかし、個人営業に特化した拠点はあまり見受けられません。前述し

たように、特に都心5区は個人ビジネスの宝庫といえます。シニアリッチをはじめとした富裕層向けに、資産運用取引や不動産投資ローン取引といった業務に注力する余地は十分に見込めるはずです。

　東京に住んで働きながらも、出身地である地元を想い、地元の銀行に親近感を持つ人は少なくないはずです。そうした人たちに加え、東京出身者にも魅力ある商品・サービスをも提供することで顧客基盤の拡大もできるはずです。

　地元の人口減少が進む中、従来の東京支店などに「東京個人営業部」を設けて、都内のシニアリッチの取り込みを図る拠点とすれば、新たな収益機会につながることになります。

2

東京拠点の活用策としての東京ラウンジの設置

　地方銀行の東京営業部や東京支店などには、もう1つ活用策がある
と考えます。それは、地元のシニアリッチをはじめとした富裕層
のための「東京ラウンジ」とすることです。空港のビジネスラウンジ
や、百貨店・クレジットカード会社のラウンジのイメージです。

　地元で取引のあるシニアリッチは、思いのほか東京訪問が多いはずで
す。商談や学会、講演会といった出張にとどまらず、観劇鑑賞やブラン
ド主催のイベント参加、子供宅の訪問、羽田・成田経由での海外旅行の
際の立ち寄りもあります。

　その際、ちょっとした空き時間や時間調整に困ることがあります。そ
こで、例えば、東京駅周辺の一等地に、地元の銀行のメンバー限定ラウ
ンジがあれば、立ち寄ってもらうことも可能かもしれません。

　こうしたラウンジのポイントは、無料としないことです。かつ、決し
て大々的に宣伝せず、例えば、優良顧客に対する招待制とするのもあり
です。

　実は、地方銀行の東京営業部や東京支店などは、スペースに余裕があ
ることが多く、あまり有効に活用されていないことも少なくないようで
す。拡張や新設を必要とせず、既存スペースの中でラウンジに改装すれ
ばよいわけですから、コストを抑えることが可能です。内装やインテリ
アに関しては、航空会社やクレジットカード会社、百貨店などの優良顧
客向けのラウンジなどが参考になります。

同じグループ傘下の銀行と共同でラウンジを持つことで、コスト削減や利便性向上を図ることも可能です。ほくほくフィナンシャルグループなどにて既に実績があります。

●特定の顧客専用のくつろげる場所に

　架空の地方銀行を設定し、東京ラウンジを具体的にイメージしてみましょう。

　東西銀行は、日本橋にある東京支店に「東西プレミアムラウンジ」を設けています。ここは、シニアリッチを中心とした会員顧客専用に、落ち着いたくつろぎの空間で、ハイエンドな金融サービスと高度なコンサルティングを提供する場所です。

　会員顧客に、日本橋界隈にある三越本店や高島屋での買い物のついでや、丸の内や銀座での商談の前後に、立ち寄ってもらうことを想定しています。

　エントランスは、会員専用カードが必要であり、顧客のプライバシーをしっかりと確保しています。

　入ってすぐのラウンジ・スペースでは、ソファーが並び落ち着いた雰囲気でくつろぐことができます。国内外の金融ニュースが大型ディスプレイで映し出されています。

　併設されたドリンクカウンターはフリードリンクとなっており、ライブラリーには豊富な書籍が用意されています。

　その他、東西銀行が提供する金融サービスを紹介するデモ機能を備えたタブレットや、フリーWiFi・充電端末などデジタル設備が整っています。

　日本橋の景観を一望できるコンサルティングルームでは、専任のFAが、資産運用、不動産有効活用、事業承継・M&Aなど、上質なコンサルティングを提供します。また、定期預金の預入れ・書替え、各種金融

商品の申込みなども可能です。

　配置されたセミナールームは、商談での利用も可能としています。この場合、事前に予約が必要となり、別途料金を支払います。

●ラウンジ利用の要件や特典を考える

　東西プレミアムラウンジを利用するには、東西プレミアムクラブへの入会が必要になります。年会費は、1人あたり3万円（税別）がかかります。

　原則として、シニアリッチなどを対象とした招待制です。預かり資産残高が2,000万円以上の顧客、アパートローンやビジネスローンなどの利用者を対象にしています。対象者は、東西銀行が審査の上、決定しています。

　会員特典としては、次のようなものが挙げられます。

㋐日本橋（東京）をはじめ心斎橋（大阪）、天神（福岡）にある「東西プレミアムラウンジ」の利用

㋑専任FAによるコンサルティングサービス

㋒アナリスト、専門家による講演会・セミナーなどへの招待

　以上、東西銀行の例はいかがでしょうか。東京ラウンジのイメージはわきましたか。

「御行のラウンジを出張の際にはいつも利用しています」などというシニアリッチが増えることで、貸出や金融商品販売といった収益につながることが理想の展開といえます。優良顧客へのこうした付加価値付与は、接待や役員訪問、情報提供、金利減免だけではない銀行による新たな試みとなるはずです。

●相続資産の流出を防ぐ効果も

　地方銀行は、東京の拠点にラウンジを設けることで、他のメリットを

図表2　金融機関における相続資産の歩留まり率

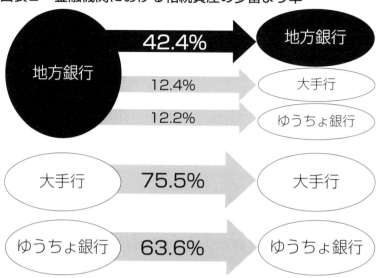

（出所）「相続に伴う資産、世代、地域、金融機関間の資金移動」フィデリティ退職・
　　　　投資研究所、マリブジャパン

得ることができます。それは、相続に伴う東京など都市部への預金流出
対策です。

　地方では、相続に伴う都市部への預金流出が問題になっています。フ
ィデリティ退職・投資研究所の「相続に伴う資産、世代、地域、金融機
関間の資金移動」によると、金融機関における相続資産の歩留まり率
は、全国に店舗網を持つ大手行で75.5％、ゆうちょ銀行で63.3％と高い
のに対して、地方銀行では42.4％に留まります。地方銀行においては、
相続に伴って資産の多くを大手行やゆうちょ銀行などに流出している状
況がみられます（図表2）。

　今後も高齢化の進展に伴い、相続発生時に地方銀行の預金などが、東
京など都市部に暮らす子供の取引金融機関である、大手行やゆうちょ銀
行に流出する傾向が続く可能性があります。

　その対策として、地方銀行が東京個人営業部を設置し、東京で生活す

る子供（相続人）に対してアプローチすることが有効と考えられます。

　例えば、子供は口座開設を条件に、東京ラウンジが利用できるようにします。子供に対しても特別なサービスと利便性の提供だけでなく、資産運用提案などによって、メインバンク化が実現できる可能性が高まります。生前から親子の口座を確保することができて、結果的に相続資産の流出対策とすることができるのではないでしょうか。

　もっとも、都心のテナント料は安くなく、費用対効果を考えて、東京からの撤退や業務縮小の選択もあります。全ての銀行が横並びで東京拠点を強化する必要はありません。実際、維持コストなど費用対効果を勘案して、東京に支店や事務所のない地方銀行は、九州や西日本の第二地銀を中心に10数行あります。

　東京にこだわらず、大阪や福岡で前述したようなラウンジを設置する方法も考えられます。地方銀行102行のうち、約半数が大阪に拠点を持っており、有効活用することで、同じような効果を狙うことができるはずです。

第 10 章

介護・ケアサービスの提供による人材活用策

1

介護人材を増やす
行員による介護資格の取得

　今後も高齢化が進み、2025年に75歳以上の後期高齢者の人口は2,179万人となり、総人口の18.1％を占めるといわれています。後期高齢者の人口は、都市部では特に急速に増加し、もともと高齢者人口の多い地方でも緩やかに増加していきます。

　高齢化に伴い、将来的に大量介護への対応が必要になるにもかかわらず、介護人材不足は深刻化しています。

　厚生労働省の「2025年に向けた介護人材にかかる需給推計（確定値）」によれば、2025年度には253.0万人程度の介護人材が必要とされていますが、予想就労人数は215.2万人程度とされており、約37.7万人の介護人材が不足することになります。

　政府も、介護業界も、介護人材確保のために、離職防止・定着促進のための様々な施策を実施していますが、どれも有効打とはなっていません。

　量の問題もありますが、質の問題も無視できません。介護職員による入居者への虐待事件が後を絶たず、ケアハウス（介護施設）に属するケアマネージャーなど管理者や管理職による不正会計なども報じられています。

　こうした事件の背景にあるとされる、介護職員の過酷な職場環境の改善や給与を含めた処遇改善なども、早急に対応が必要なのはいうまでもありません。

図表1　不足する介護人材を賄う方法

●必要とされる介護人材（2025年度）

253
万人

●予想就労人数（2025年度）

不足人数

215
万人

38
万人

銀行員29万4,279人 ⎱ カバー
信金職員10万6,541人 ⎰ できる

（出所）2015年6月24日「2025年に向けた介護人材にかかる需給推計（確定値）について」厚生労働省、全国銀行協会、全国信用金庫協会、マリブジャパン

●介護資格の取得には3つのメリットがある

　そこで、店舗や人員の大幅なダウンサイジングが進展する銀行業界において、介護施設や介護職に、店舗や人員をシフトすることはできないものでしょうか。

　奇しくも、前述した介護職で不足とされる37.7万人に対して、銀行員29万4,279人に信金職員10万6,541人（2018年度の数値）を加えれば、非現実的ながらカバーできることになります（図表1）。

　行職員の介護職へのシフトの実現可能性はさておき、銀行がシニアビジネスを中核業務として永続的に取り組むのであれば、介護資格を取得することも考えられます。

　まずは内部研修において、介護職員初任者研修や介護職員実務者研修を設けるといったことから始めて、認定介護福祉士、介護福祉士、介護

支援専門員（ケアマネージャー）、福祉用具専門相談員、移動介護従事者（ガイドヘルパー）、介護予防運動指導員、リクリエーション介護士、社会福祉士、精神保健福祉士、管理栄養士といった多種多様な資格取得までを目指すことも考えられます。

　銀行員が介護資格を取得することには、3つのメリットがあります。

　1つ目は、銀行員自身のためです。自分自身だけでなく、両親や祖父母などに介護が必要になった場合に役に立ちます。

　2つ目は、銀行のためです。銀行がシニアビジネスを展開するにあたり、介護資格を持った人材は、シニアビジネスの企画立案やシニア顧客専門のFAなど、様々な形で重宝されるはずです。シニア顧客専門のFAが介護資格を持っていれば、それが他の金融機関の担当者との差別化になるはずです。

　3つ目は、転職のためです。銀行において人員削減が進む中、銀行員は介護資格取得をきっかけに、介護業界へ転職することが可能になります。

　なお、経済産業ジャーナルによれば、デジタル化が進展し、ロボット・AIが十分に普及すれば、多くの既存の職業がロボット・AIに取って代わられると予想されています。銀行においては、例えば、マスリテール向けの営業員がロボット・AIに取って代わられる可能性が高いといえます。しかし一方で、高度な接客サービス・介護や、コンサルティング営業といった職種は、生き残りむしろ従業員数は増えると予想されています。

2
ケアハウスなど
介護施設への人材供給

現状では、たとえ銀行員が様々な介護資格を取ったとしても、銀行グループ内で、直接的に介護の仕事に携わることはできません。銀行は、ケアハウスを買収したり運営したりすることはできないからです。

　しかし、銀行は、ケアハウスに人材を供給することは可能なはずです。銀行による人材紹介業が解禁となっており、例えば、銀行が人材紹介会社と組んで、他業種の取引先から、地元のケアハウスに人材を紹介することで手数料を得たりすることもできます。また、銀行員自身を一定の介護資格取得などを前提に、地元のケアハウスに出向させたり、転籍させたりすることもできるはずです。

　ケアハウスなど介護施設への、銀行による人材供給は、①銀行の余剰人員・余剰店舗対策、②取引先との関係強化、③地域社会への貢献と、まさに一石三鳥の施策といえます。

　もちろん、銀行員に不慣れな介護の現場でいきなり働けということではありません。前述したように、介護人材は質・量ともに足りていません。経理不正やずさんな組織管理体制も多く、経営幹部や所長、財務・経理担当者などへのニーズも高くあります。

　そこで、例えば銀行の支店長が、ケアハウスの所長になることも考えられます。銀行員としての幅広い経験、経理や財務の知識、支店経営で培った管理職としてのノウハウなどが大いに生かされるはずです。

図表2　SOMPO ホールディングスのグループ事業

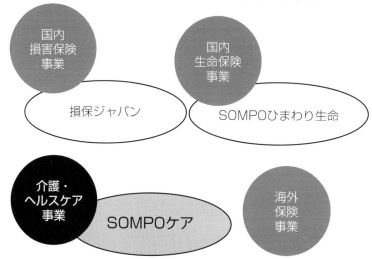

（出所）カンパニーレポート、マリブジャパン

図表3　SOMPO ケアの体制

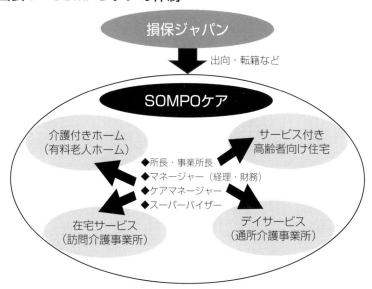

（出所）カンパニーレポート、マリブジャパン

ケアハウスにおけるリーダーとして、スタッフを束ね、医師や薬剤師、理学療法士など外部の専門家とも連携します。

また、ケアハウスに入居するシニアへの相続・贈与に加え、資産運用などのニーズにも対応します。古巣の銀行の FA や地域の IFA などと連携しながら、ケアハウス内でセミナーや相談会なども実施できるはずです。

ケアハウスの入居者にも、その家族・親族にも、地域の人たちにも、地元の銀行の元支店長が介護施設を運営することは、一定の安心感を与えるのではないでしょうか。

【事例】SOMPO ホールディングス

SOMPO ホールディングスでは、介護・ヘルスケア事業を、グループの新たな事業の柱として打ち出しています（図表2）。ケアハウス運営会社の買収により介護業界に進出しており、2018年7月には、傘下の介護事業のグループ会社4社が合併し、SOMPO ケアが誕生しています。

介護付きホーム（そんぽの家など）、サービス付き高齢者向け住宅（そんぽの家S）に加え、在宅サービスにより、シニアやその家族の多様なニーズに応え、高品質の介護サービスを提供しています。

2018年度の介護事業の売上高は、1,238億円に達しており、業界2位の規模を誇ります。

●SOMPO ケアへの出向・転籍などを実施

2020年4月に、損保ジャパン日本興亜から名称を変更した損保ジャパンは、人材を同じグループの SOMPO ケアへ出向させたり、転籍させたりしています。これは、余剰人員対策と介護事業における管理者不足といった課題を解決する方策といえます（図表3）。

2020年度末までに、従業員数を2017年度比で4,000人程度減らして、

SOMPO ケアへの出向・転籍など配置転換を実施し、新卒採用を抑える
としています。

　SOMPO ケアに出向あるいは転籍した人員は、介護付きホーム（有料
老人ホーム）、サービス付き高齢者向け住宅、在宅サービス（訪問介護
事業所）、デイサービス（通所介護事業所）において、所長・事業所
長、マネージャー（経理・財務の担当者）、ケアマネージャー、スーパ
ーバイザー（介護サービスを一元的に管轄する専門職）などを務めま
す。

　SOMPO ケアでは、出向・転籍者だけでなくプロパー社員、中途採用
者を含め、要員配置の最適化や、処遇改善などを通じた質の高い人材の
確保・定着化に努めています。

百貨店の苦境から
銀行が学ぶこと

こ こでは、近年、苦境が続く百貨店の状況と取組みを紹介します。業界は異なりますが、銀行の参考になるものと考えます。

【事例１】 三越伊勢丹ホールディングス

　三越伊勢丹ホールディングス（以下、HD）の2018年３月期の連結最終損益は８年ぶりに赤字に転落しています。収益力が下がった地方店舗の減損損失を積み増したことが主因です。

　同業他社と比べて、人件費が高いことも原因の１つになっています。

　三越伊勢丹HDの子会社である伊勢丹・三越は、2009年以降、店舗の閉鎖を進めており、2019年９月には伊勢丹・府中店と伊勢丹・相模原店が閉店、2020年３月には新潟三越が閉店しました。

　背景には、消費者志向の変化が挙げられます。ネット通販、ファストファッション、ショッピングモール、アウトレット、家電量販店との競争が激化しています。そもそも「百貨店で買いたいモノがない」という声もあります。

●３基幹店舗を最高級店舗とする

　このような状況においては、既存の財産や価値を活用する形による打開策が２つ考えられます（図表）。

　１つは、保有不動産の有効活用です。

　例えば、基幹店舗である伊勢丹新宿本店・三越日本橋本店・三越銀座店の３つ以外を閉鎖して、保有不動産売却、不動産事業の拡大につなげるといった施策が考えられます。実際、三越伊勢丹HDの中期経営計画において、不動産事業の拡大を掲げています。再開発を含め、３つの基幹店舗への戦略的投資も引続き行うとしています。

　３基幹店舗は、ニューヨークのサックス・フィフス・アベニューやバーグドルフ・グッドマン、ロンドンのハロッズのような、最高級店舗と

図表　百貨店と銀行の類似性

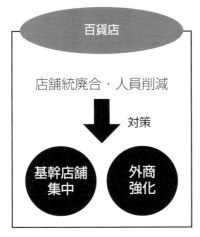
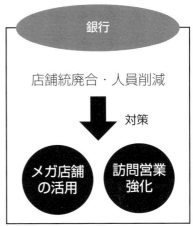

（出所）マリブジャパン

します。東京のランドマークとなり、観光地となるような場所に、高めることもできるはずです。

　最終的には、三越伊勢丹HDにおいては、売上高と収益力、ブランド力に勝る東京の3つの基幹店舗のみが生き残る形です。これは、銀行における「東京拠点の強化」につながる考えといえるでしょう。

●外商は営業基盤の確保の上でも重要

　もう1つは、外商ビジネスの更なる強化です。

　三越の場合は、特別な顧客には、担当の外商員によるコンシェルジュ・サービスが提供されます。外商カード（三越お帳場／お得意様カード）が発行され、割引価格での購入や買い物金額に応じたポイント付与がなされます。駐車料金の無料または延長、三越店舗内にあるお得意様サロンが利用できます。

　その他、外商利用者向けの催事イベント「三越・逸品会」が年に何度か開催されています。

マリブジャパンによる推計によれば、三越伊勢丹 HD の売上全体のうち、個人外商の売上は15％程度です。そのうち、三越日本橋本店が約3割、伊勢丹新宿店が約1割、三越銀座店は約5〜6％程度、首都圏のその他店舗では7％前後、地方の店舗では14〜15％程度と予想されます。

　一方、法人外商は、首都圏の店舗は4％弱、全国では2％台とみられます。

　実際には、外商が得意先に売り上げた場合でも、店頭に売上を立てて、外商は手数料を得る形で処理していると考えられ、正確な数値は確認できないものの、個人と法人の外商を合わせて、全国ベースで20％弱の売上を占めているとみられます。

　外商は、景況感に影響されにくく、今後も増加が見込まれる国内の富裕層ビジネスの中核です。営業基盤の確保の上でも重要であり、三越伊勢丹 HD にとって、外商ビジネスの更なる強化は必然といえます。

【事例2】 J. フロントリテイリング

　大丸や松坂屋を傘下に持つ J. フロントリテイリングも外商ビジネスに力を入れています。東京駅直結の大丸東京店11階には、外商顧客などを対象とした会員ラウンジ「D's ラウンジトーキョー」があります。ドリンクサービスやクロークサービス、予約制の弁護士相談会などが受けられます。また、年に4〜5回、都心の外資系ホテルで開催される大規模な店外催事の魅力も、他社との差別化要因となっています。

　大丸や松坂屋では、資産価値の高い品揃えやクローズドサイト活用による販促などにより、富裕層消費は引き続き堅調、2018年度の基幹9店舗の合計外商売上は対前年比で1.8％増加しています。2018年度の外商新規開拓口座は15,049件、新規口座による売上は119億円に上っています。

　専任部隊による外商カード開拓と継続推進もあり、2019年2月期で

は、お客様ゴールドカード（外商カード）の稼働顧客数は23.8万人となっています。売上高は1,355億円と対前年比2.7％増加し、全社個人売上に占める構成比は21.0％となっています。

一方で、ネット通販に慣れた、いわゆる新興富裕層といわれる30〜40代の都心に住むキャッシュフローリッチや、既存富裕層の次世代の取込みが課題となっています。

大丸や松坂屋では、外商顧客向けの限定 WEB サイト「コネスリーニュ」を開設したり、新規開拓部隊を結成したりと、新規や新興を含めた富裕層の需要取込みを重視し、外商の強化を進めています。

●重点的な開発や集積を推進

J. フロントリテイリングでは、アーバンドミナント戦略として、大丸や松坂屋の基幹店のある心斎橋、上野、名古屋、京都、神戸において重点的な開発や集積を推進しています。

また、「GINZA SIX」や「上野フロンティアタワー」の開業など、都市部において不動産賃貸面積の拡大による収益確保も注力しています。2019年9月に新装開店した大丸心斎橋店本館は、来店客の視点でシームレスでありながら全体面積の約65％を定期賃貸借売場で構成しています。

J. フロントリテイリングでは、経営リスクの1つとして、「顧客の変化、特に少子高齢化・長寿命化に係るリスク」を挙げています。その一方で、シニア市場のマーケット規模が拡大する中で、新しい顧客情報基盤の構築・活用により、ライフスタイルの変化に適応した品揃えやサービスの拡大ができれば成長の機会が拡大するとみています。

●かつてない「大転換期」を迎えている

三越伊勢丹 HD や J. フロントリテイリングの例が示すように、シニ

アリッチや富裕層を中心とした外商ビジネスの強化は、重要な役割を担っています。一方、外商向けラウンジを除けば、店舗そのものは、マスリテール対応拠点であり、ショールームであるともいえます。

銀行において、シニアビジネスを重視する場合は、店舗で顧客を待つだけではなく積極的に外訪することなど、百貨店に見習うことは多いのではないでしょうか。

銀行は、百貨店と並び、かつてない「大転換期」を迎えています。ビジネスモデルの転換とポートフォリオ変革が急務であり、グループ内外の多様性を高度に発揮した「異分子結合」が不可欠です。

銀行の主な課題は、㋐リアル店舗の存在価値、㋑過度に法人貸出に依存した収益構造の見直し、㋒顧客構成の最適化、㋓デジタル化への対応です。そこで、店舗統廃合、人員削減、組織削減という３大リストラを進める一方、シニアビジネス強化、東京拠点強化、店舗再活用といった新たな強化策の実行が迫られているといえます。

百貨店はすでに改革に乗り出しています。銀行も手遅れとなる前に、動き出す必要があるのではないでしょうか。

おわりに

　人口減少に少子高齢化の未来は、変わりそうにありません。低金利政策はしばらく続くどころか、コロナ・ショックの影響もあり、更なる金融緩和もありそうです。そして、決済・融資・資産運用の分野を中心に、デジタル・プラットフォーマーの攻勢がますます勢いを増してきています。

　しかし、銀行業務や銀行へのニーズがなくなったわけではありません。銀行のブランド力・信用力・人材力の魅力はいまだ健在といえます。

　人生100年時代の今、銀行は現状を受け入れて、自らの強みである信用力と人材などを活かすことで、拡大するシニアビジネスを積極的に強化できるはずです。

　顧客にとっても、公的年金制度への不安や、孤独・過疎・空き家などが社会問題化する中、銀行がシニアビジネスに注力し、様々な金融商品・サービスを提供してくれるのは、悪い話ではありません。

　個々の銀行員にとっても、決して悪い話ではないはずです。シニアビジネスへのビジネスシフトにあたり、資産運用だけでなく、医療・介護や不動産のスペシャリストとして活躍することもできます。まさに人生100年時代にふさわしいやりがいのあるチャレンジングなキャリアが待っているはずです。

　あとは、各銀行のトップマネジメントと各銀行員の決断あるのみです。

　本書で解説したポイントを踏まえることで、銀行はより有益なビジネスモデルが構築できるはずです。人生100年時代は、銀行にとって新たな収益とするチャンスです。

果敢に決断してください。決断できる銀行には、以下のような明るい未来が待っています。

　202X 年3月某日、東西銀行は、3期連続の増収増益を達成し、今期も増配予定です。2020年に実施した①法人向けビジネスからの撤退、②有人店舗の9割閉鎖、③早期退職制度の実施により、大幅な最終赤字を計上したものの、短期間で見事復活しています。主力業務であるシニアビジネスにおいて、金融商品販売とローン・不動産業務が業績に大きく寄与しました。来期は、信託商品の充実を図るとともに、自社の FA だけでなく、外部の IFA や専門家との連携を一層強化する方針です。

　本書の掲載情報は、2020年3月末時点のものです。本書において意見に関する部分はすべて著者の個人的なものになります。

　本書の発行に際して、ご尽力いただいた、近代セールス社の大内幸夫参与、飛田浩康部長、湊由希子さん、そして、スタッフの皆様には、私の家族、友人と合わせ、心から謝意を表します。ありがとうございます。

参考文献

高橋克英　著書

［2019年］『銀行ゼロ時代』朝日新聞出版

［2018年］『図解入門ビジネス最新地方銀行の現状と仕組みがよ〜くわ
　　　　　かる本』秀和システム

［2017年］『いまさら始める？個人不動産投資』金融財政事情研究会

［2017年］『図解でわかる！地方銀行』秀和システム

［2017年］『地銀大再編』中央経済社

［2012年］『地銀7つのビジネスモデル』中央経済社

［2010年］『アグリビジネス〜金融機関の農業取引推進策』近代セール
　　　　　ス社

［2009年］『信金・信組の競争力強化策』中央経済社

［2007年］『最強という名の地方銀行』中央経済社

高橋克英　寄稿

［2020年］【地銀・第二地銀の収益性・健全性指標】『月刊金融ジャーナ
　　　　　ル』2019年3月号

［2020年］【第二地銀38行「三つの別れ道」】『月刊FACTA』2020年2
　　　　　月号

［2020年］【地銀「勝ち組再編」の主導権握る千葉銀行】『月刊FACTA』
　　　　　2020年1月号

［2020年］【高齢者のライフスタイルの変化と資産運用提案】『月刊銀行
　　　　　実務』2020年1月号

［2020年］【新たなコア業務純益の開示が突き付ける地域銀行の課題】
　　　　　『週刊金融財政事情』2020年1月6日号

［2019年］【りそなホールディングス　セブンデイズプラザ強さの秘密】
　　　　　『週刊金融財政事情』2019年10月21日号

［2019年］　【「人生100年時代」のシニア・富裕層ビジネス】『ファンド情報』2019年10月14日号他

［2019年］　【デジタル化時代になくなる銀行、残る銀行】『週刊エコノミスト』2019年3月4日号他

［2019年］　【秋田銀行　高齢者分野のフロントランナーを目指す】『週刊金融財政事情』2019年7月22日号

［2019年］　【「QRコード」決済の普及は多難】『月刊FACTA』2019年3月号

［2018年］　【LINEとみずほの「ネット銀行設立」はメガバンクの変革を起こすか】『現代ビジネス』2018年12月20日号

［2018年］　【有人店舗の近未来】『ファンド情報』2018年1月15日号他

［2018年］　【AI時代の銀行は二極化〜一般客はスマホ完結、富裕層は最高級店】『週刊エコノミスト』2018年4月3日号

［2018年］　【銀行のAI進展で社会も変わる〜新卒採用廃止、人材供給バンク】『週刊エコノミスト』2018年4月3日号

［2018年］　【節税効果で富裕層が購入　米中古住宅の危ういブーム】『週刊エコノミスト』2018年7月31日号

［2018年］　【北海道銀行　ニセコリゾートへの橋頭堡】『週刊金融財政事情』2018年2月26日号

［2017年］　【法人貸出から撤退の良い地銀　悪い地銀・普通の地銀は戦国時代】『週刊エコノミスト』2017年11月21日号

［2017年］　【銀行こそシニア向け見守りサービスの展開を】『週刊金融財政事情』2017年11月27日号

［2017年］　【提言　地銀東京支店を東京ラウンジに】『週刊金融財政事情』2017年5月1日号

［2017年］　【富裕層ビジネスの研究　特徴とそのニーズ】『ファンド情報』2017年4月24日号他

［2017年］　【横浜銀行　都内資産家向け貸出を強化】『週刊金融財政事情』2017年6月26日号